企业财务会计管理与风险管控探究

詹楠　石雯雯　张江　著

中国商务出版社

·北京·

图书在版编目（CIP）数据

企业财务会计管理与风险管控探究 / 詹楠，石雯雯，张江著 . -- 北京：中国商务出版社，2024.9 -- ISBN 978-7-5103-5355-0

Ⅰ . F275.2；F272.35

中国国家版本馆 CIP 数据核字第 2024V3M889 号

企业财务会计管理与风险管控探究

QIYE CAIWU KUAIJI GUANLI YU FENGXIAN GUANKONG TANJIU

詹楠　石雯雯　张江　著

出版发行：中国商务出版社有限公司

地　　址：北京市东城区安定门外大街东后巷28号　　邮编：100710

网　　址：http://www.cctpress.com

联系电话：010-64515150（发行部）　　　010-64212247（总编室）

　　　　　010-64269744（事业部）　　　010-64248236（印制部）

责任编辑：张高平

排　　版：廊坊市展博印刷设计有限公司

印　　刷：北京九州迅驰传媒文化有限公司

开　　本：787毫米×1092毫米　1/16

印　　张：6.5　　　　　　　　　　字　　数：153千字

版　　次：2024年9月第1版　　　　印　　次：2024年9月第1次印刷

书　　号：ISBN 978-7-5103-5355-0

定　　价：68.00元

前　言

　　企业财务会计管理与风险管控一直是企业经营中至关重要的部分。随着经济的不断发展和竞争的加剧，企业在日常经营活动中面临着各种风险和挑战。有效的财务会计管理和风险管控不仅可以帮助企业规避潜在风险，保障财务稳健，还可以为企业提供更好的经营决策依据，实现可持续发展。

　　本书将从企业财务会计管理和风险管控两个方面展开探讨。本书第一章介绍了企业财务会计管理的基本知识。在当今市场环境下，企业需要建立健全的财务会计体系，包括会计核算、财务报告、成本管理等，以实现财务数据的准确记录和及时汇报，为企业经营决策提供支持。

　　第二章深入探讨了企业面临的各种风险及其防范策略。企业在经营过程中可能面临市场风险、信用风险、操作风险等多种风险，而这些风险可能会对企业的经营造成严重影响甚至威胁企业生存。因此，建立有效的风险管控机制至关重要，企业需要制定相关风险管理政策和措施，加强内控建设，及时应对各类风险挑战。

　　第三章主要阐述了企业财务会计管理与风险管控的关系。在当前复杂多变的经济环境下，企业财务会计管理和风险管控更加需要高效、全面的手段和方法。通过本书的探究，读者将深入了解企业财务会计管理和风险管控的重要性和具体方法，为企业在竞争中立于不败之地提供有效保障。

　　第四章主要内容是企业财务会计管理与企业风险管控方面的前景展望。

　　展望未来，随着科技的发展和全球化的深入，企业面临的挑战将更加复杂。在这样的背景下，企业财务会计管理和企业风险管控也将面临更大的挑战。希望本书能够为读者提供一些启发和思考，引领企业管理者走向更加稳健和可持续的发展之路。愿我们共同探讨企业财务会计管理与风险管控，助力企业实现更加可持续、健康的发展。

　　本书由詹楠、石雯雯、张江负责编写，王成岗、张莹灵、王洪渝、吴玉婉对整理本书亦有贡献。

笔　者

2024 年 6 月

目 录

第一章　企业财务会计管理 ·· （1）

　　第一节　企业财务会计 ··· （2）

　　第二节　企业财务会计管理 ·· （11）

　　第三节　企业财务会计管理与风险管控存在的问题 ············ （29）

第二章　企业财务风险管控 ·· （33）

　　第一节　风险管理 ··· （34）

　　第二节　企业内部控制机制建设 ·································· （48）

　　第三节　企业财务风险管控 ······································· （60）

　　第四节　其他风险管控 ·· （72）

第三章　企业财务会计管理与风险管控的关系 ······················ （75）

　　第一节　企业财务会计管理对风险管控的支撑作用 ············ （77）

　　第二节　风险管控对企业财务会计管理的促进作用 ············ （79）

　　第三节　企业财务会计管理与风险管控的协同作用 ············ （84）

第四章　前景展望 ··· （87）

　　第一节　企业财务会计管理的前景展望 ·························· （88）

　　第二节　企业风险管理的前景展望 ······························ （92）

参考文献 ·· （96）

第一章　企业财务会计管理

第一节　企业财务会计

一、企业财务会计的定义

在企业经营活动中，财务会计作为管理者的眼睛和耳朵，负责收集、整理和传递与企业财务相关的信息，为企业的经营决策提供数据支持。而风险管理则是企业在经营过程中不可避免的问题，财务会计部门需要及时发现、评估和控制各类风险，保障企业的持续发展和稳定经营。

在实际操作中，企业财务会计的核心职能主要包括财务数据的采集、记录、汇总和报告。财务会计首先需要及时准确地收集企业各项财务数据，包括财务业务的每一笔收入、支出和资产负债状况等。其次，对这些数据进行记录和分类整理，确保数据的准确性和可靠性。最后，将这些数据汇总成财务报表，向内部管理者和外部利益相关方提供财务信息，并及时报告企业的财务状况和经营成果。

企业财务会计还需要参与企业的财务决策，为企业提供财务分析和预测，指导企业的经营战略和发展规划。财务会计部门在风险管控中也扮演着重要角色，通过财务报表的审计和分析，及时发现企业可能面临的风险和问题，为企业管理者提供风险预警和应对措施，并协助企业的风险管理工作。

企业财务会计是企业管理的支柱和重要组成部分，通过财务信息的收集、整理、分析和报告，为企业的经营活动提供决策支持和监督保障，同时也在风险管理中发挥着重要作用。通过财务会计的专业知识和技能，企业能够更加有效地管理财务风险，确保企业财务的稳健和可持续发展。

在当前复杂多变的经济环境下，企业财务会计管理与风险管控的重要性愈发凸显。只有加强财务会计管理，提高风险管控意识，企业才能更好地应对各种挑战和风险，实现长期稳定的经营目标。企业管理者应该深刻认识到财务会计与风险管理的关系，加强对相关知识的学习和理解，不断提升财务会计与风险管理的综合能力，为企业的可持续发展贡献力量。

在当今全球化、信息化和数字化的时代，企业面临着各种各样的风险和挑战。财务会计的核心职能是帮助企业全面了解自身的财务状况和业务运营情况，通过财务报表展现企业的经济实力和运营能力，为企业的管理者和利益相关方提供决策支持。

财务会计的专业知识和技能能够帮助企业识别和评估各种风险，包括市场风险、信用风险、操作风险等，并采取相应的措施进行应对和管理。通过定期的财务报告和财务分析，企业可以发现潜在的风险因素，及时调整经营策略，降低企业面临的风险程度。

财务会计也扮演着监督和审计的角色，保障企业的财务数据的真实性和准确性。通过对企业财务活动的监督和审计，确保企业的财务运作符合法律法规和会计准则，提升企业的透明度和可信度，为吸引投资者和交易伙伴提供有力保障。

财务会计与风险管理密不可分，两者相辅相成，共同构建了企业持续健康发展的基石。在当今竞争激烈的市场环境下，企业需要通过财务会计管理和风险管理来保证企业运作的有效性和可持续性。

财务会计是指企业通过会计工具和原则对企业财务状况、经营成果和现金流量进行记录、分析和报告的过程。通过财务会计，企业可以全面、准确地了解自身的财务状况，为企业管理层、投资者、债权人等利益相关者提供有效的信息沟通和决策依据。财务会计的基本原则主要包括会计实体原则、货币计量原则、历史成本原则、持续经营假设、权责发生制等。这些原则为财务会计提供了基本框架和规范，保证了财务信息的真实、全面和可比性。

从财务会计的角度来看，企业需要通过财务报表等信息披露，向外界展示企业的财务状况和经营成果，为外部利益相关者提供决策参考。同时，企业内部管理层也需要依靠财务会计信息，来制定企业的经营策略和决策，确保企业能够实现长期盈利能力和可持续发展。在这个过程中，企业需要注重风险管理的重要性，及时识别和评估各种风险因素，制订相应的风险管理计划，保障企业的经营安全和稳定发展。在财务会计管理中，企业需要遵循相关的会计原则和规范，保证财务信息的真实性和可靠性，提高决策的准确性和效果。只有如此，企业才能提供给外界及内部管理层真实可靠的财务数据，从而保障决策的准确性和有效性。

企业还应该加强对财务会计信息系统的建设和维护，采用先进的信息技术手段，提高数据的准确性和时效性。只有保证财务信息的及时传递和准确采集，企业才能在竞争激烈的市场环境中保持领先地位，实现长期价值的最大化。

二、企业财务会计的流程

企业财务会计的流程通常包括凭证原始录入、记录与分类、核算及报表编制等环节。在凭证原始录入环节，会计人员根据企业的经济活动，将各项业务活动的发生情况记录在会计凭证上，包括收款凭证、付款凭证、转账凭证等。在记录与分类环节，会计人员将凭证中的信息按照会计科目进行分类，形成初始的会计记录。在核算环节，会计人员根据已记录的经济业务数据，进行资产负债表、利润表和现金流量表等财务报表的核算。在报表编制环节，会计人员根据核算结果编制财务报表，以向企业的股东、管理层、投资人等外部利益相关者提供财务信息。

会计核算的基本步骤包括业务登记、分类账簿、总账、试算平衡、编制财务报表等环节。在业务登记环节，会计人员将企业的各项经济业务按照时间顺序记录在会计凭证中，形成会计凭证台账。在分类账簿环节，会计人员根据会计科目对已登记的业务进行分类，并形成各项分类账簿。在总账环节，会计人员将各项分类账簿的总账账户进行合并汇总，形成总账，以便进行期末结账。在试算平衡环节，会计人员核对各项总账账户的余额，以确保在编制财务报表时总账账户各科目余额的正确性。

在实际操作过程中，会计核算不仅包括资产负债表、利润表和现金流量表的编制，还需要进行财务信息的汇总和处理，确保数据的准确性和真实性。同时，在进行财务报表编制的过程中，会计人员需要遵守相关的法律法规和会计准则，确保财务信息的合规性和规范性。

会计核算还涉及财务信息的披露和传递。会计人员需要将编制好的财务报表及时传达给企业内外部的利益相关者，使它们能够及时了解企业的财务状况和经营成果，为他们的决策提供参考依据。通过会计核算与透明的财务信息披露，企业能够全面了解自身财务状况与经营成果，并增强与外部利益相关者的沟通和信任，树立企业的良好形象，促进企业与外部环境的良性互动。

会计核算在企业的财务会计管理与风险管控中起着至关重要的作用。通过规范的会计核算程序和准确的财务信息披露，企业可以建立健全的财务管理体系，提高财务报表的透明度和可信度，有效识别和评估潜在的风险，及时采取措施进行风险管控，实现企业的稳健经营和可持续发展。在全面推进财务会计管理与风险管控的过程中，会计人员需不断提升自身的专业能力和责任意识，积极应对市场竞争和外部变化，为企业的发展注入新的动力和活力。

财务报表的编制是企业财务会计管理中的重要环节。财务报表是企业向外部用户展示其财务状况和经营成果的重要工具，包括资产负债表、利润表、现金流量表等。

财务报表的编制需要遵循一定的程序和规范。首先是确定财务报表的编制周期，通常按年度进行编制，有些企业也会进行季度或半年度的编制。其次是收集和整理财务数据，包括资产、负债、收入、费用等信息，将这些数据按照会计准则和法规的规定进行分类和加工处理。再次是编制各个财务报表，包括资产负债表、利润表、现金流量表等，每个报表都有其独特的内容和格式要求。最后是进行财务报表的审核和审计，确保报表的真实性和合规性。

在编制财务报表的过程中，企业需要时刻关注风险管理的问题。企业在进行财务会计管理过程中面临着各种风险，包括市场风险、信用风险、操作风险等，这些风险可能会对财务报表产生影响，甚至引发重大财务危机。因此，在编制财务报表的过程中，企业需要加强对风险的识别、评估和控制，保障财务报表的准确性和可靠性，保护投资者和其他利益相关方的利益。

企业还需重视财务报表的透明度和及时性，及时披露相关信息，以便利益相关方能够及时了解企业的财务状况。同时，企业还需加强对财务报表的解读和分析，及时发现潜在风险，以便采取相应措施，确保企业的财务稳健和可持续发展。

企业在编制财务报表时还需重视信息技术的应用，利用先进的财务软件和系统提高工作效率，减少人为错误的发生；不断学习和更新财务报表编制的理论知识和实践经验，提升编制财务报表的水平和质量。

财务报表的编制是一个综合性的工作，企业需要从多个方面进行思考和改进，以确保报表的真实性和合规性，保障企业的经济利益和声誉不受损害。财务会计专业人士需要不断提升自身的专业素养和技能，为企业财务报表的编制提供更加有效和可靠的支持。

资产负债表和利润表是企业财务会计管理中至关重要的两个财务报表。资产负债表揭示了企业在特定日期的财务状况，包括资产、负债和所有者权益的情况。在资产负债表中，资产部分反映了企业拥有的资源和权益，负债部分则体现了企业的债务和义务，所有者权益则代表了所有者对企业拥有的利益。

通过资产负债表，企业可以了解其在一段时间内的经营状况，有助于管理层全面、深入地了解企业的资产和负债状况，以便及时采取措施加以调整和改进。资产负债表还可以为外部利益相关方提供重要的信息，如投资者、债权人、供应商等，帮助他们评估企业的偿债能力、稳健程度和盈利能力。

利润表展示了企业在一定时期内的收入、成本和利润的情况。利润表反映了企业盈利能力，可以帮助管理层和外部利益相关方了解企业的经营绩效和盈利状况。利润表的编制对企业的财务管理至关重要。通过分析利润表，管理层可以评估企业的经营绩效，识别盈利能力强的业务领域和盈利能力不佳的领域，为优化资源配置、调整经营策略提供参考依据。同时，利润表也可以为投资者、债权人等外部利益相关方提供重要的财务信息，帮助他们评估企业的盈利能力和财务风险。

通过资产负债表和利润表，管理层和外部利益相关方就能够全面了解企业的财务状况和盈利状况，为企业决策提供有力支持。因此，企业需要加强对资产负债表和利润表的编制、分析和运用，以提高财务管理效率和风险管控能力。

资产负债表和利润表的重要性不仅在于提供关键的财务信息，还在于对企业整体运营的全面影响。资产负债表可以清晰展示企业的资产、负债和所有者权益的情况，帮助企业管理层了解企业的资产结构和负债情况，有针对性地进行资产配置和负债管理。同时，资产负债表也为企业制定财务目标和战略提供了重要依据。利润表反映了企业的经营业绩和盈利能力，管理层可以通过利润表了解企业的盈利情况，及时调整经营策略，优化盈利模式。而外部利益相关方则可以通过利润表评估企业的盈利能力和风险水平，决定是否与企业合作或投资。因此，资产负债表和利润表的编制及分析对企业的长远发展至关重要。

在当今竞争激烈的市场环境下，企业需要更加重视资产负债表和利润表的运用。只有深入理解报表中的信息，才能更好地把握企业的财务状况和盈利状况，做出明智的决策。同时，企业还应加强内部财务管理体系建设，提高财务人员的专业水平，确保资产负债表和利润表的准确性和及时性，为企业的可持续发展奠定坚实的财务基础。

在企业财务会计流程中，财务指标的分析起着至关重要的作用。财务指标是通过对企业财务数据进行分析和计算得出的反映企业财务运作状况的重要指标，包括财务结构、经营效益、盈利能力等方面。对财务指标进行分析，可以帮助企业管理层了解企业的财务状况，及时调整经营策略，确保企业在市场竞争中保持竞争优势；可以帮助企业管理层发现企业经营中存在的风险，及时采取相应的措施进行风险防范和管理。例如，如果财务指标显示企业的资金周转率下降，可能意味着企业存在资金周转困难的风险，管理层需要采取措施加强资金管理，确保企业的正常运营。

通过深入研究企业的财务状况，管理层可以更好地了解公司在市场上的地位和竞争情况。同时，对财务指标进行分析，可以为企业提供未来发展的方向和趋势，帮助管理层及时调整战略规划。在竞争激烈的市场环境中，了解并把握财务指标的变化对企业至关重要。

对财务指标进行分析，还可以帮助企业有效降低经营风险，提高企业的盈利能力和经营效益。通过及时掌握财务数据，管理层可以做出准确的经营决策，避免资金周转困难导致的风险。同时，对财务指标进行分析，也有助于企业发现经营中存在的问题和隐患，及时采取措施解决，确保企业的持续运营。

在现代商业社会中，只有通过对财务指标的深入分析，企业管理层才能更好地应对市场竞争的挑战，制定出更加灵活和有效的经营策略。

三、企业财务会计管理的意义

财务会计是企业管理中不可或缺的重要组成部分，它通过收集、处理和分析财务信息，使企业管理者全面了解企业财务状况并提供决策依据。在企业运营过程中，财务会计扮演着监管者的角色，保障企业财务信息的真实性和可靠性，为企业的稳健发展提供保障。在风险管控方面，财务会计更是起着至关重要的作用。

在企业风险管控中，财务会计能够通过对企业财务数据的全面监控和分析，及时发现和预警潜在风险，为企业避免或降低风险提供支持。例如，在财务报表分析中，财务人员可以通过对企业资产负债表和利润表的数据进行横向和纵向比对，及时发现资金流向异常、负债增加或盈利下降等风险情况，并及时采取措施进行调整。

财务会计还能够通过制定财务预算和控制预算执行，为企业实现预期目标提供支持。通过财务预算，企业能够对未来的经营情况进行预测和规划，制订合理的财务计划，并在实际执行中进行监控和控制，及时调整预算方案，有效降低企业经营风险，保障企业的稳健发展。

财务会计还能够通过对企业各项经营指标的监控和分析，发现企业经营中存在的问题和风险，并提出相应的解决方案，为企业的持续发展提供保障。例如，通过对企业的资金周转、资金利用效率、成本控制等方面进行分析，了解企业经营状况，及时发现问题并提出改进建议，为企业产生更多的利润和效益，降低经营风险。

企业财务会计扮演着不可或缺的角色，其作用直接影响着企业的经营状况和发展前景。只有充分重视和加强企业财务会计管理，提高财务会计人员的专业素养和监管水平，才能有效降低企业经营风险，保障企业的稳健发展。企业应当加强对财务会计管理的重视和投入，将其纳入企业整体管理战略中，发挥其在风险管控和企业管理中的重要作用。

同时，财务会计也是企业经营管理的重要支撑。通过建立健全的财务会计制度和内部控制机制，企业可以有效预防和监控财务风险，防止财务造假和违规行为，保护投资者利益，维护企业声誉。财务会计人员应当具备高度的责任心和职业道德，在履行职责的过程中严格遵守法律法规和职业道德准则，确保财务报表的准确性和可靠性。

在今后的发展中，企业需要不断加强对财务会计管理的重视和投入，培养高素质的财务会计人才，引入先进的财务管理技术和工具，不断提升财务管理水平，实现企业内部管理的科学化和规范化。

在现代企业管理中，财务会计扮演着至关重要的角色，它不仅仅是一种报告工具，更是企业风险管理的重要支持系统。财务会计通过对企业经济活动的记录、分类、总结和报告，为企业管理者提供了重要的决策信息。

财务会计可以为企业管理者提供全面的财务信息和数据。企业面临的风险往往来自外部环境变化、市场竞争或内部运营等多个方面。财务会计通过对企业财务状况、经营性活动和财务绩效进行记录和分析，能够为企业管理者提供及时、准确的信息，让他们更好地了解企业的经营状况和风险状况，从而采取相应的风险管理措施。

财务会计可以为企业提供风险预警和预测。通过对财务数据的分析和比较，财务会计可以发现企业可能出现的风险隐患，预测未来的风险走势，提前预警企业管理者，以便他们及时调整经营策略，防范风险的发生。

在企业风险管理中，财务会计通过提供全面的财务信息和数据，帮助企业评估和监控风险，为企业提供风险预警和预测，为企业管理者提供支持和指导，帮助企业有效应对风险挑战，保障企业的发展安全。因此，加强财务会计管理，提高财务会计水平和专业能力，对于企业风险管理至关重要。

财务会计还可以为企业管理者提供全面的财务数据和分析报告，帮助管理者及时了解企业的财务状况和经营情况，有针对性地制定经营策略和措施，避免盲目经营和风险投资，最大限度地保障企业的经营效益和企业家的切身利益。

因此，企业应该重视和加强财务会计管理，在日常经营中始终把风险管理摆在重要位置。只有通过健全的财务会计制度和有效的风险管理机制，企业才能保持稳健的发展，应对外部环境的变化和市场风险，确保企业的可持续发展和长期成功。

（一）财务指标的作用

财务指标是企业实现战略目标和规划的重要指导依据。财务指标可以帮助企业管理层全面了解公司的财务状况和经营业绩，及时发现可能存在的风险和问题，并做出相应的应对措施。

财务指标可以帮助企业管理层监控企业的盈利能力。通过分析利润率、毛利率和净利润等指标，管理层可以了解企业的盈利状况，判断企业的盈利是否得以持续增长，从而制定相应的盈利增长策略。合理的盈利能力可以为企业提供足够的资金支持，帮助企业更好地发展壮大。

财务指标可以帮助企业管理层评估企业的财务稳健性。通过分析资产负债表和现金流量表等财务报表，管理层可以了解企业的债务负担、资产负债情况和现金流动状况，判断企业的财务健康程度。一个财务稳健的企业可以在经济波动中更好地抵御风险和挑战，保持企业的可持续发展。

财务指标还可以帮助企业管理层优化企业的资金运作。通过分析资产周转率、存货周转率和应收账款周转率等指标，管理层可以了解企业的资金使用效率和资金周转速度，从而制定有效的资金管理战略，减少企业的资金占用成本，实现资金的最大效益。

财务指标对企业的发展和战略规划具有重要的影响。管理层应根据企业的具体情况和发展阶段，合理制定财务目标和指标体系，建立健全财务管理体系，确保企业的财务状况稳健，提升企业的竞争力和持续发展能力。财务风险管理也需要不断地从专业理论知识基础和实际经验的多次实践总结完善，从而更加有效地加强风险管控工作，提高企业风险应激能力，确保企业的可持续发展。

财务指标的重要性不容忽视。在企业经营中，财务指标可以作为重要的参考依据，帮助管理层进行决策和规划。例如，在评估企业的盈利能力和偿债能力时，利润率、资产负债比、偿债比率等指标能够为管理层提供客观的数据支持。在资金运作方面，管理层也可以通过现金流量表、应收账款周转率等指标来监控资金的流动情况，及时调整资金运作策略，确保企业的资金链畅通。

除了对企业内部的管理和决策支持外，财务指标还可以为外部投资者、合作伙伴和金融机构提供参考依据。一家企业财务状况的稳健和透明度，往往会直接影响投资者和金融机构的信任度。因此，企业应当通过合理的财务指标体系展示企业的财务状况和经营绩效，增强对外界的公信力，吸引更多的投资和资源支持。

财务指标对企业的战略规划也有着重要的作用。管理层可以根据财务指标的分析结果，制定长期发展规划和目标，明确企业的财务方向和重点发展领域，推动企业朝着可持续发展的目标不断前进。只有在全面了解企业财务状况的基础上，管理层才能更好地把握企业发展的机遇和挑战，制定出更加科学有效的发展策略，实现企业的长期稳健发展。

（二）财务报表的作用

在企业经营过程中，财务报表的透明度是指财务报表中所包含的信息具有公开、清晰、准确的特点，能够让外部利益相关者及时获取并理解企业的经营状况和财务状况。财务报表的透明度对于企业的经营决策至关重要。通过透明度高的财务报表，企业管理层可以更好地了解企业的经营状况，从而做出更加准确、有效的经营决策。

透明度高的财务报表有助于提高企业管理层对企业经营状况的了解程度。企业管理层在制定战略和决策时，需要充分了解企业的财务状况、盈利能力、资金流动情况等信息，而这些信息都可以通过财务报表来获取。如果财务报表透明度低，信息不清晰或者被篡改，管理层将无法准确了解企业的真实情况，从而导致做出错误的决策，甚至可能引发风险。

透明度高的财务报表可以增强企业与外部利益相关者之间的信任关系。外部利益相关者包括投资者、债权人、供应商、客户等，他们需要了解企业的财务状况以便评估企业的偿债能力、盈利能力和稳健性。如果企业的财务报表透明度不高，信息不真实或者难以获取，外部利益相关者将无法信任企业，不愿意与企业合作或对企业投资，这将严重影响企业的发展和稳定。

透明度高的财务报表也有助于企业提高内部监督和风险管控能力。通过透明度高的财务报表，管理层可以及时发现企业存在的财务风险并采取有效的措施，避免财务风险对企业经营造成严重影响。同时，透明度高的财务报表也可以提高企业内部员工对企业经营状况的了解，增强员工的责任感和风险意识，促进企业的稳健经营。

总的来说，财务报表的透明度对企业的经营决策、与外部利益相关者的信任关系、内部监督和风险管控能力都具有重要意义。企业应重视财务报表的透明度，加强信息披露和内部管控，确保财务信息的真实、清晰和准确，为企业的持续发展和稳健经营奠定坚实基础。

（三）对公司治理的作用

在现代企业治理中，财务会计和公司治理之间存在着密切的联系和互动。公司治理是指公司内部管理结构、机制和规则，以及公司与股东、债权人、员工、客户、供应商等各方之间的关系。在公司治理中，作为一种信息披露与监管的手段，财务会计可以提供有关公司财务状况、经营绩效和风险管理情况的信息，为股东和利益相关方提供决策依据。

在企业的财务决策中，财务会计提供的财务信息是企业决策者进行战略规划、资源配置和风险管理的重要依据。基于财务会计报表和分析，企业可以评估自身的财务状况和盈利能力，预测未来的经营状况，制定相应的财务政策和战略方案，以实现企业的长期发展目标。

财务会计与风险管理之间联系密切。财务会计的主要任务是记录和报告企业的财务信息，包括资产、负债、权益、损益等，以及相关的财务指标和报告。而风险管理的任务是识别和管理各种类型的风险，包括市场风险、信用风险、操作风险等。财务会计提供的信息可以帮助企业更好地识别和评估风险，制定相应的风险管理策略，并及时应对潜在的风险，保障企业的经营稳定性和可持续性。

财务会计与公司治理的关系紧密相连，对企业的长期发展和稳健经营起着至关重要的作用。在现代商业环境下，财务会计不仅是反映企业经营状况的重要工具，更是决策者进行战略规划、资源配置和风险管理的有力支持。通过精确的财务报表和深入的分析，企业可以深入了解自身的财务状况，有针对性地制定财务政策和战略计划，从而有效实现企业长期发展的目标。

在公司治理方面，财务会计发挥着重要作用。规范的财务会计制度不仅可以促进企业的透明度和合规性，还可以有效监督和约束企业管理层的行为，确保企业运作的公正性和合法性。同时，公司治理结构的完善也有助于提高企业的运营效率和决策能力，有效防范各类经营风险，确保企业的长期稳定发展。

第二节　企业财务会计管理

一、企业财务会计管理概述

（一）概念

企业财务会计管理是指企业通过对财务数据的收集、处理、分析和应用，有效地进行财务资源的调配和利用，实现企业财务目标，提高企业绩效和竞争力的过程。而企业财务会计管理的重要性不言而喻，它直接关系到企业的经济效益、市场地位和稳定发展。企业财务会计管理是企业经营决策的重要基础。

通过对财务数据及时、准确和完整的记录和分析，企业管理者可以清晰地了解企业的财务状况和经营绩效，为企业的决策提供可靠的依据。只有做到财务数据的真实性和客观性，企业管理者才能做出明智的经营决策，避免盲目决策造成的损失和风险。

企业财务会计管理是企业内部控制和风险管控的重要手段。通过建立完善的企业财务会计管理体系，企业可以及时发现和解决财务风险和内部控制问题，有效地避免管理失误或人为疏漏导致的损失和纠纷。同时，财务数据的准确性和真实性也可以增加企业的透明度和信誉度，提高企业的风险防范能力。

企业财务会计管理还是企业与外部利益相关者沟通和协调的桥梁。通过规范的财务会计管理，企业可以及时向股东、投资者、合作伙伴等外部利益相关者提供真实可靠的财务信息，增强合作伙伴的信任和认可，促进企业与外部利益相关者的合作和互利共赢。

企业财务会计管理在企业管理中的重要性不可低估。它不仅仅是企业经营决策和风险管控的基础，更是企业与外部利益相关者沟通和应对外部环境变化的重要手段。只有建立完善的企业财务会计管理制度，加强对财务数据的监控和分析，企业才能更好地应对挑战，实现可持续发展和长期成功。企业应当重视并加强对财务会计管理的建设和规范，做到诚信经营，创造良好的经营环境和企业形象。更重要的是，企业管理者应当深刻认识到企业财务会计管理的战略地位和作用，不断加强对财务管理的重视和投入，推动企业不断创新和发展。

企业财务会计管理是企业内部管理的一项重要内容，它通过对企业财务活动的记录、分析、报告和监督，确保企业资金的有效利用和经营活动的合法性、及时性和真实性。

（二）目标

企业财务会计管理的目标主要包括财务信息的准确性、全面性和及时性，为企业的经营决策提供可靠的数据支持，保障资金的安全使用，实现企业的健康稳定发展。同时，企业财务会计管理也要确保企业的财务活动符合相关法律法规和会计准则，避免涉嫌违法违规，保护企业外部利益相关者的合法权益。

企业财务会计管理的目标是确保财务数据的准确采集和传递，提高财务信息披露透明度，增强外部投资者和债权人对企业的信任。企业财务会计管理还应关注风险管理和控制。随着经济形势的变化和全球化竞争的加剧，企业面临的风险日益复杂多样。企业需要加强对财务风险、市场风险、信用风险等各种风险的管控，建立完善的风险管理体系，以确保企业持续稳定的经营和发展。

企业财务会计管理应注重效率和规范性。企业需要不断提高内部管理效率，优化财务流程，确保资源的充分利用和运营效率的提升。同时，企业在财务会计管理中也需要遵守各项法规政策，加强内部控制与监督，保障经营活动的合规性和透明度。

企业财务会计管理还应强调信息化和数据安全。随着信息技术的飞速发展，企业需要加强信息化建设，提高数据的采集、处理和分析能力，以更好地支持企业决策和经营活动。同时，企业也需要加强对数据的保护和隐私的保密，确保企业财务数据的安全可靠。

在财务会计管理中，除了上述目标外，还有其他重要的核心目标需要关注。一是改进企业的财务状况，这意味着通过财务会计管理的运用，及时全面地了解企业的资金状况，优化财务结构，确保企业资金的合理配置和利用。通过改进财务状况，企业可以更好地应对外部经济环境的波动和风险挑战。二是提高企业的管理水平。通过科学的财务管理手段，加强对企业各项业务和财务活动的监控和调节，提高企业内部管理的效率和效果，为企业的发展提供更有力的支撑和保障。同时，有效的财务会计管理还可以提升企业的风险控制能力，及时发现和应对各种财务风险和安全隐患，确保企业财务稳健运行，提高企业的抗风险能力和可持续发展能力。

财务会计管理作为企业管理的重要组成部分，其核心目标涵盖了提高企业的综合经济效益、改进企业的财务状况、提高企业的管理水平和风险控制能力等个方面。只有全面实现这些核心目标，才能有效提升企业的财务管理水平，推动企业的健康发展和持续增长。

（三）内容核心

企业财务会计管理是企业内部管理的核心内容，也是企业发展的重要保障。企业需要不断完善管理机制，提高管理水平，以实现财务目标和风险管控的双赢局面。只有在全面考虑各方面因素的基础上，企业才能在竞争激烈的市场中实现长期稳定的发展。

企业财务会计管理的核心内容是财务信息的管理和运用。企业需要通过不断的数据收集、整理和分析，及时了解企业的财务状况和经营状况，为企业管理者提供决策支持。同时，企业还需要根据财务信息的分析结果，调整企业的经营策略和财务政策，以达到最大化企业利润的目标。

企业财务会计管理的内容主要包括财务预算管理、资金管理、成本管理、财务报告管理、风险管理等几个方面。企业在进行财务预算管理时，需要根据企业的经营计划和市场需求，制定合理的财务预算，并不断进行跟踪和分析，确保企业资金的合理利用和财务风险的控制。

资金管理是企业财务会计管理中一个非常重要的环节，企业需要通过合理的资金筹集和运用，确保企业的经营活动能够正常进行。企业还需要对资金进行有效的监控和运作，避免企业出现资金周转不灵或资金链断裂的情况。

成本管理是企业财务会计管理的重要内容之一，企业在进行生产经营活动时，需要对各个环节的成本进行严格控制，以降低生产成本和经营成本，提高企业的经济效益。企业可以通过成本控制手段，如制定合理的成本标准、实施成本控制措施等，实现成本的有效管理和降低。

财务报告管理是企业财务会计管理的又一重要内容，企业需要遵循法律法规和会计准则，及时编制和披露财务报表，向企业所有者、管理者和外部利益相关者提供真实、准确的财务信息，并确保财务报表的透明度和可比性，以维护企业的信誉和形象。

风险管理更是企业财务会计管理中不可或缺的一环。企业需要对不同的财务风险进行评估和预测，采取相应的风险管理措施，确保企业的财务安全和稳定。只有有效管理好各类风险，企业才能避免财务危机的发生，保持财务健康。

企业财务会计管理是企业运营管理中不可或缺的一环，企业需要通过对财务信息的有效管理和运用，实现企业财务目标和经营目标的最大化。企业在财务会计管理过程中，还需要密切关注财务风险的管控，确保企业的财务稳定和安全。企业财务会计管理的成功与否，直接影响着企业的发展和生存。

企业财务会计管理的核心在于有效理财和资金运用。企业需要通过合理的资金筹集和运营，确保企业的资金链条畅通，保障企业的正常运转。同时，企业还需要进行资金的投资与收益分析，确保资金的最大化利用，实现企业财务效益的最大化。

企业还需要重视税收合规管理，严格遵守税法规定，合理避税，减轻企业的税收负担，提高企业的盈利水平。税收合规管理不仅是企业道德和法律义务，更是企业可持续发展的重要保障。

企业财务会计管理还需要注重信息披露和公开透明。企业应当主动向利益相关方公开企业的财务信息，建立良好的信息披露机制，增强企业的透明度和信誉度。通过公开透明的财务信息，企业可以获得更多的社会认可和支持，为企业的可持续发展奠定坚实基础。

在当今竞争激烈的市场环境中，企业财务会计管理的重要性日益凸显。只有做好财务会计管理工作，企业才能在市场中立于不败之地，实现长久发展。企业应当不断完善财务会计管理体系，加强内部控制，提高财务管理水平，从而为企业的可持续发展注入源源不断的动力。

企业财务会计管理旨在确保企业财务活动的规范性、精确性和及时性，以便为企业管理层提供正确的经济信息和决策依据。它涵盖了企业财务计划、预算编制、日常会计处理、财务报告、内部控制等多个方面，旨在保证企业资产的安全和有效运转。

企业财务会计管理包括了对企业财务活动进行规划、组织、协调和控制的过程。这个过程涉及到财务资源的有效配置和管理，确保企业资产的合理利用和增值，最终实现企业的稳健运营和可持续发展。

（四）原则

企业财务会计管理的原则是指规范企业财务活动的基本准则和要求。这些原则包括真实性、完整性、一致性、谨慎性、及时性、可比性等方面。只有在遵循这些原则的基础上，企业才能确保财务管理的规范性和有效性。

其中，真实性原则要求企业财务报告中的信息必须客观、完整、准确地反映企业财务状况和经营成果；一致性原则要求企业财务报告在不同时间和不同企业之间具有可比性；谨慎性原则要求企业在财务处理中要注意风险控制，避免过于乐观而导致风险暴露等。

企业财务会计管理的原则对于企业经营管理至关重要。只有遵循这些原则，才能确保企业财务活动的规范性和有效性，为企业的可持续发展提供强有力的支持和保障。因此，企业管理者应当高度重视财务会计管理工作，加强内部控制建设，加强财务人员的规范培训，建立科学的财务管理体系，以确保企业的健康发展和稳健经营。

在企业财务会计管理的实践过程中，除了遵循真实性、一致性和谨慎性原则外，还需注重透明度和责任性。透明度原则要求企业主动公开财务信息，提高信息披露的透明度，让各方对企业财务状况有清晰的了解。责任性原则强调企业管理者和财务人员应承担起对企业财务管理的责任，要对自己的决策和行为负责，保证企业财务活动的合规性和稳健性。

在企业财务会计管理中，还需要注重效率和创新。效率原则要求企业在财务管理中简化流程、提高效率，确保财务资源的合理利用；创新性原则强调企业需要不断进行财务管理模式和方法的创新，以适应市场竞争的变化，推动企业财务管理的持续发展。

在现代企业财务会计管理中，技术应用也变得至关重要。企业可以借助信息化技术，建立财务管理信息系统，实现财务数据的集中管理和实时监控，提高财务管理的效率和精度。同时，企业还可以利用大数据分析和人工智能技术，深度挖掘财务数据的潜在价值，为企业经营决策提供更加科学的支持。

企业财务会计管理的原则不仅是企业财务管理的基础，更是企业健康发展的保障。只有在遵循这些原则的基础上，结合技术应用，企业才能有效地开展财务管理工作，推动企业经济持续增长，实现可持续发展的目标。

（五）意义

企业财务会计管理在企业发展中扮演着至关重要的角色。它不仅是企业财务活动的组织者和协调者，也是企业决策的重要依据和指导者。通过对企业财务活动的监控、分析和管理，财务会计管理为企业提供了及时的财务信息和数据支持，帮助企业领导者做出准确、可靠的决策，推动企业稳健健康地发展。

企业财务会计管理有助于提高企业的经营效率和效益。通过对企业财务数据的准确记录和分析，财务会计管理可以帮助企业及时发现经营中的问题和风险，及时调整经营策略和措施，优化资源配置，提高企业的运营效率和盈利能力。

企业财务会计管理有助于规范企业的经营行为和加强内部控制。通过建立科学的会计核算体系和内部控制机制，财务会计管理可以有效地遏制企业内部不正当行为和欺诈行为的发生，保护企业财产安全和利益。同时，财务会计管理也可以帮助企业建立健全的风险管控体系，提高企业对风险的识别和应对能力，降低企业经营风险。

举例来说，某家制造企业在财务会计管理方面做得非常优秀，通过建立完善的财务核算和预算体系，提高了对企业资金流动和投资项目的管理水平。在企业经营发展过程中，财务会计管理及时地向企业领导层提供了企业的财务状况和发展趋势，帮助企业制定了有效的经营策略和措施，取得了显著的经济效益和市场优势。

企业财务会计管理在企业发展中扮演着不可替代的重要角色。通过对企业财务活动的组织、监控和管理，财务会计管理可以帮助企业提高经营效率和效益，规范企业的经营行为，加强内部控制，降低经营风险，实现企业的可持续发展。因此，企业应当高度重视财务会计管理工作，不断完善管理体系，提高管理水平，促进企业健康稳健发展。

企业财务会计管理还为企业的决策提供可靠的数据支持。企业财务会计管理可以帮助企业实现成本控制，提升盈利能力，优化资金运作，提高企业的财务透明度，增强企业的风险抵御能力。在日常经营过程中，企业财务会计管理可以帮助企业及时发现经营问题，找出解决方案，调整战略方向，提升企业的市场竞争力。企业财务会计管理也可以帮助企业建立完善的内部控制机制，规范企业的经营行为，防范各种风险，确保企业运作的稳健性和持续性。通过对企业的财务数据进行准确记录、及时报表和分析，企业管理层可以更好地了解企业的经营状况，制定合理的经营计划，提高企业整体的管理水平和效益。企业财务会计管理还可以为企业提供参与各类商业活动的基础，促进企业的长期发展，增加企业的价值，为企业未来的发展奠定坚实的基础。企业应当高度重视财务会计管理的作用，不断完善管理体系，提升管理水平，以推动企业的良性发展。

财务数据记录是企业财务管理的基石，是管理者了解企业运营状况的重要手段。财务报表的编制则是将财务数据按照一定的规范和程序呈现出来，为管理者提供直观清晰的财务信息。而财务分析则是在财务数据的基础上进行深入研究和评估，发现问题、分析原因，并为管理者提供决策支持。通过深入理解和应用这些基本概念，企业可以更有效地进行资金管理，提高财务效益，降低风险，促进企业的可持续发展。在当今激烈的市场竞争环境中，企业财务会计管理的重要性越发凸显。

二、企业财务会计管理的流程

（一）规则

企业财务会计管理规划是指在特定背景下，依据企业财务情况和目标制定出相应措施和方案，以引导和规范企业财务活动，确保企业财务的稳健和健康发展。

在企业财务会计管理的流程中，规划是一个至关重要的环节。通过规划，企业能够深入了解自身的财务状况和经营需求，明确目标和发展方向，合理分配资源，提高管理效率和决策水平。财务会计管理的规划包括对财务目标的明确、对资金运作的规划、对收支控制的安排、对企业风险的评估和控制等内容，是企业财务会计管理的基础和核心。

企业财务会计管理的规划不仅仅是一种行为，更是一种方法和思维方式。只有通过良好的规划，企业才能在激烈的市场竞争中立于不败之地，实现可持续发展。规划不仅是企业财务会计管理的需求，也是现代企业管理的必然选择。

企业应当积极制定和实施适合自身发展需要的财务会计管理规划，从而更好地实现企业的战略目标，提升核心竞争力。

在财务会计管理规划中，企业需要充分考虑市场环境的变化和竞争对手的动向，制定灵活多变的策略。这不是一次性的工作，而是需要不断调整和完善的过程。企业应该建立有效的监控机制，及时跟踪和评估规划的执行情况，及时发现问题并做出调整。

财务会计管理规划离不开全员参与，各个部门需要密切协作以实现规划目标。在规划的过程中，企业要坚持科学决策，围绕企业的核心竞争力和长远发展目标，合理规划财务资源的使用和配置。

企业在制定规划时，也应该考虑到企业的社会责任和可持续发展，通过财务会计管理规划，实现经济效益、社会效益和环境效益的统一。企业要承担起应尽的社会责任，遵循商业道德和法律法规，推动企业向着可持续发展的方向前进。

财务会计管理规划是企业经营管理中至关重要的一环，需要全员参与，科学决策，不断调整和完善。只有建立起完善的规划体系，企业才能在激烈的市场竞争中保持竞争优势，实现长期稳定发展。

（二）组织实施

企业财务会计管理的流程是一个包括财务报表准备、财务数据分析、风险评估和控制、财务决策等各个环节的复杂系统。企业财务会计管理的实施过程是一个持续不断的迭代过程，需要有严谨的规章制度和完善的内部控制机制来保障其有效进行。企业财务会计管理的组织实施包括确立财务管理团队和明确岗位职责、建立财务管理流程和制度、培训和发展财务管理人才、搭建信息化财务管理平台等一系列工作。通过这样的有序组织实施，企业可以有效地进行财务会计管理，准确掌握企业的财务状况，及时发现并有效应对风险，为企业战略决策提供可靠的数据支持。

企业财务会计管理的组织实施是企业经营管理中至关重要的一环。财务管理团队的建立和岗位职责的明确是组织实施的第一步，只有团队成员各司其职，协作顺畅，才能确保整个管理流程的高效运转。建立完善的财务管理流程和制度也是不可或缺的一环，只有规范的制度才能帮助企业在管理过程中规避风险，保持财务管理的稳定性和连续性。

随着市场竞争的不断加剧，企业财务会计管理也面临着越来越复杂的挑战，培训和发展财务管理人才显得尤为重要。只有不断提升团队成员的专业能力和素质，企业才能适应日新月异的市场环境，有效地应对各种挑战。搭建信息化财务管理平台也是企业在组织实施中不可或缺的一环，信息化财务管理平台能够极大地提高管理效率，减少人为错误的发生，为企业决策提供更加可靠的数据支持。

在现代企业经营管理中，财务会计管理的组织实施不仅仅是企业的内部事务，更是企业长远发展的关键。只有确立科学规范的组织实施机制，才能让企业在激烈的市场竞争中立于不败之地，实现可持续发展的目标。无论是小型企业还是大型企业，都需要重视企业财务会计管理的组织实施环节，从根本上提升企业的竞争力和可持续发展能力。

（三）监督检查

财务会计管理的监督检查是保障企业财务数据准确性和合规性的重要环节，其目的是发现并纠正可能存在的错误和问题，减少企业面临的财务风险。监督检查的频率一般是每月一次，以确保及时发现问题并采取措施解决问题。监督检查的内容包括但不限于财务数据的真实性、准确性、完整性以及是否符合相关法规和标准等方面。责任人主要是企业的财务部门，他们负责组织和实施监督检查，并向企业领导汇报监督检查的结果和建议。

监督检查一般包括以下几个步骤：首先是确定监督检查的对象，即确定需要监督检查的具体财务数据或业务流程；其次是收集相关资料，即企业的财务报表、账册、凭证等财务数据，以及相关的法规和标准文件；再次是进行实地检查，通过查阅资料、访谈相关人员等方式，核实财务数据的真实性和合规性；整理检查结果，分类汇总问题和建议，并提出改进建议；最后是向企业领导汇报检查结果和建议，制定并执行改进措施。

监督检查的重点是发现并及时解决问题。因此，在监督检查流程中，需要关注一些重要问题。首先是对关键财务数据的核查，如资产负债表、利润表、现金流量表等；其次是对关键财务流程的检查，如资金管理、采购管理、销售管理等；再次是对企业内部控制制度的审查，如财务控制、审计制度、风险管理制度等；最后是对涉及关键利益相关方的信息披露进行核查，如对外财务报告、投资者关系管理等。

通过监督检查，企业可以及时发现并纠正财务会计管理中存在的问题，提高财务数据的准确性和完整性，降低财务风险，保障企业财务稳健运行。因此，企业在进行财务会计管理时，应重视监督检查工作，建立健全的监督检查制度，加强内部控制，提高财务风险管理能力，确保企业财务数据的真实、准确和合规。

在财务会计管理的监督检查中，对关键财务数据的核查、关键财务流程的检查、企业内部控制制度的审查以及信息披露的核查是至关重要的步骤。这些措施不仅可以帮助企业及时发现并解决问题，还可以提高财务数据的准确性和完整性，降低财务风险，确保企业财务的稳健运行。企业在进行监督检查时，还应该注重对于财务数据和流程的全面性审查，确保所有方面都得到充分的关注和验证。

监督检查在财务管理中是一项至关重要的任务，它可以有效降低财务风险，保障企业的财务数据的真实性和合规性。企业应该建立健全监督检查制度，加强内部控制，提高财务风险管理能力，以确保企业的财务健康和持续发展。只有不断地对财务管理进行监督检查，企业才能更好地应对潜在的风险和挑战，确保财务数据的准确性和企业的可持续发展。

总的来说，财务会计管理的监督检查是企业管理中不可或缺的一部分，它对于企业的发展和未来具有重要意义。企业需要不断加强自身的财务管理能力，建立完备的监督检查机制，确保财务数据的准确性和合规性，从而为企业的可持续发展打下坚实的基础。

（四）评估

目前常用的财务会计管理评估方法还不够完善。许多企业仍然依赖于传统的财务比率分析和财务报表分析来评估财务管理的效果，但这种方法在一定程度上存在着主观性和不全面性的问题，无法完全反映企业财务状况的真实情况。

数据的不准确是影响财务会计管理评估的一个重要因素。在实际操作中，由于人为因素或系统问题，企业所采集和处理的财务数据可能存在错误或偏差，评估结果不准确。而对于缺乏准确数据支持的财务会计管理评估，企业很难做出正确的决策和调整，进而增加了风险。

财务会计管理评估中缺乏对外部环境的考虑也是一个因素。企业财务会计管理并非孤立存在，其与外部环境密切相关。然而，目前的财务会计管理评估往往只注重内部数据和表现，忽略了外部市场竞争、政策法规变化等外部因素对企业财务管理的影响。这种局限性导致企业在制定财务会计管理策略时忽视了市场风险和监管风险，增加了企业财务风险的不确定性。

为了提高财务绩效和降低管理风险，企业需要进行更全面、更科学的评估，利用更准确、更可靠的数据评估财务会计管理的效果。企业需要结合外部环境因素，如市场风险和监管风险，进行综合评估，从而更好地把握财务会计管理的方向和效果，降低财务风险，实现可持续发展的目标。

三、企业财务会计管理的团队建设与制度建设

（一）团队建设

企业财务会计管理团队的组成至关重要，财务总监是这个团队核心人物，负责制定和执行企业财务管理政策，协调各部门之间的财务工作，提供财务决策的支持和建议。财务总监需要具备专业的财务知识和管理技能，能够分析财务数据和预测未来的财务状况，确保企业的财务目标得到实现。

会计师负责进行日常的会计核算工作，包括记账、编制财务报表、计算税收等工作。会计师需要熟悉会计原则和税法规定，确保企业的财务报表符合法律法规和会计准则。

财务分析师负责分析企业的财务数据，为企业管理层提供决策支持。财务分析师需要具备较强的数据分析能力和商业洞察力，能够从财务数据中发现问题和机会，并提出有效的解决方案。财务分析师通常参与企业的预算编制、业绩评估和市场分析等工作，帮助企业管理层制订战略和业务计划。

内部审计师主要负责对企业内部控制体系进行审计和评估，确保企业的运作符合法律法规和内部政策。财务风险管理师负责识别、评估和管理企业的财务风险，采取相应的风险控制措施，保障企业的财务安全和稳定运作。

税务专家在财务会计管理团队中也扮演着重要角色，他们负责确保企业遵守税法规定，最大限度地减少税务风险和税负压力。成本会计师和预算分析师通过成本和预算管理，帮助企业控制成本，提高效率，实现利润最大化。

投资分析师负责分析市场信息，评估投资项目的风险和回报，为企业的投资决策提供专业建议。风险管理师为企业量身定制风险管理策略，帮助企业降低金融和市场风险，保障企业的盈利能力和财务稳健发展。

企业财务会计管理团队的结构和人员配置会根据企业的规模和业务特点而有所不同，但核心职责都是确保企业的财务健康和稳定发展。一个高效的财务会计管理团队能够为企业提供准确、及时的财务信息和可靠的决策支持，帮助企业实现持续的盈利。企业应该重视财务会计管理团队的建设和培训，建立完善的财务管理制度和流程，提高团队的综合素质和专业能力，以更好地应对市场的挑战和风险，实现长期的可持续发展。

（二）制度建设

企业财务会计管理的要素主要包括财务计划、财务预测、资金筹集与运用、

财务控制和财务报告等。这些要素相互交织、相互影响，共同构成了企业财务会计管理的整体框架。其中，财务控制是财务会计管理框架的核心环节，通过建立健全内部控制机制和制度，确保企业财务活动的合规性和准确性，防范和控制各类财务风险。

财务会计管理的制度建设在企业日常运作中十分重要。一个完善的财务会计管理制度可以规范企业的财务活动，提高财务管理工作效率，减少潜在的财务风险。

目前一些企业在财务会计管理制度方面存在一些缺陷和不足。企业在内部控制机制方面存在不足，缺乏有效的内部审计机制和审计流程，对企业财务活动监管不力，容易导致财务风险的发生。企业在财务报告和信息披露方面存在问题，可能存在虚假财务报告的情况，给企业的经营活动和决策带来风险。企业在风险管理方面缺乏长期规划和预见性，对风险的防范和控制措施不够完善，容易陷入被动局面。

企业在财务会计管理方面仍然存在一些问题和挑战，需要不断完善和提升。企业应该重视财务会计管理制度的建设，建立健全内部控制机制，加强财务报告和信息披露的透明度，完善风险管理体系，提高企业财务管理水平和风险管控能力。

在当今竞争激烈的市场环境中，尽管企业管理者意识到企业财务会计管理的重要性，企业在改进方面仍面临着一定的困难。例如，企业缺乏足够的投入和资源导致内部审计机制和审计流程不完善，从而无法有效监管财务活动，容易造成财务风险的发生；企业在财务报告和信息披露方面不够透明，可能存在虚假财务报告的情况，给企业经营活动和决策带来不确定性；缺乏长期规划和预见性，导致对风险的防范和控制措施不够完善，容易处于被动状态。

因此，企业亟须加大对财务会计管理制度建设的投入，建立完善的内部控制机制，加强对财务报告和信息披露的透明度。同时，完善风险管理体系，提高企业财务管理水平和风险管控能力，从而在市场竞争中立于不败之地，实现可持续发展。

四、企业财务会计管理方法

在企业的经营管理中，成本控制是至关重要的一环。有效的成本控制可以帮助企业提高运营效率，降低成本，提升盈利能力。企业在实施成本控制时，需要根据实际情况制定合理的成本控制策略，确保资金的有效利用和管理。通过科学的成本控制方法，企业可以更好地了解和把握自身的财务状况，做出正确的财务决策，从而实现经济效益最大化。成本控制不仅是财务会计管理的重要内容，也是企业风险管控的关键环节之一。企业应该重视成本控制工作，确保企业财务状况稳健可持续发展。

在企业的经营管理中，成本控制不仅仅是一项至关重要的工作，更是企业持续发展的关键之一。有效的成本控制需要企业全体员工的共同努力和有效协作，以提高企业运营效率，降低成本。在实施成本控制过程中，企业需要根据不同的部门和岗位制定相应的成本控制措施，做到全员参与，形成共识，确保资金的有效利用。

企业还可以借助先进的成本管理软件对各项费用进行准确核算和监控，随时了解企业各项成本的使用情况，及时发现并解决问题。通过科学的成本控制方法，企业可以更好地了解和把握自身财务情况，并做出正确的决策。企业还可以通过精简流程、提高效率的方式降低不必要的支出，优化资源配置，实现成本的最大限度节约和利用。

在成本控制的过程中，企业需要时刻关注风险管理。通过建立完善的风险管控机制，企业可以识别和评估各类风险，并及时采取措施进行应对，从而避免由风险导致的额外成本支出。企业还应制定灵活的成本控制策略，随时根据市场变化和企业经营情况调整策略，保持成本控制工作的有效性和灵活性。

总而言之，成本控制不仅是企业经营管理的重要环节，更是企业持续发展的关键。只有通过全员参与、科学方法和风险管控相结合的方式，企业才能实现成本控制工作的最佳效果，提高企业运营效率，降低成本，实现稳健可持续的经营发展。

资金管理是企业经营管理中至关重要的一个环节。有效的资金管理可以确保企业资金的安全性和流动性，最大限度地提高资金的利用效率，为企业的发展提供坚实的财务保障。企业在资金管理方面需要遵循一定的原则和方法，以应对不断变化的市场环境和风险挑战。资金管理不仅仅包括资金的筹集和运用，更需要综合考虑企业的经营特点和发展需求，做出科学合理的决策，确保企业的长期稳定和可持续发展。

在资金管理中，企业需要对资金的来源和去向进行全面的分析和管理。有效的资金管理方法可以帮助企业规避风险，保障资金的安全性和流动性。企业应根据自身的经营情况和发展需求，合理制定资金管理策略，确保资金的合理配置和有效利用。资金管理不仅包括日常资金的使用，还包括资金的长期规划和投资。

资金管理是企业财务管理的重要组成部分，对企业的经营和发展具有重要意义。企业应积极采取有效的资金管理措施，提高资金使用效率，降低成本，确保企业的长期健康发展。资金管理需要企业领导者和管理人员共同努力，构建科学合理的资金管理机制，促进企业的持续发展和创新。企业在资金管理方面需要不断探索和实践，不断提高资金管理水平，做好风险预防和控制，为企业的可持续发展提供坚实的财务保障。企业应加强资金管理意识，提高资金管理水平，确保企业在市场竞争中取得成功。

科学合理的资金管理机制可以有效降低企业的财务风险，提高资金使用效率，进而为企业的长期发展提供有力支持。在资金管理中，企业需要定期进行财务分析和预测，合理控制资金流动，有效应对外部市场的变化。

资金管理既需要注重细节，又需要注重全局。企业既要根据内外部环境的变化及时调整资金管理策略，又要需要加强内部部门之间的沟通与协调，形成合力，共同推动资金管理工作的落实。只有通过科学规范的资金管理，企业才能在未来的发展道路上稳步前行，实现可持续发展的目标。

投资决策是指企业管理者在面对不同的投资选择时，需要根据企业的财务状况、市场条件和风险水平等因素进行科学的分析和决策。

在进行投资决策时，企业必须考虑各种风险因素，包括市场波动、竞争压力、政策变化等，并根据自身的财务实力和发展战略来评估投资项目的潜在回报和风险。有效的投资决策需要企业综合考虑多方面因素，并且在不确定性的环境下做出准确的判断。在这个过程中，企业管理者需要具备良好的财务分析能力和判断力，以确保投资的合理性和可行性。

除了对投资项目本身进行评估外，企业还需要注意投资组合的优化配置。通过分散投资风险、平衡回报预期和考虑资金流动性等，企业可以实现投资组合的最优化配置，从而实现长期稳健的资产增值。

在实际操作中，企业可以运用各种财务工具和技术来辅助投资决策过程。例如，财务模型分析、风险评估技术、资产定价模型等工具可以帮助企业管理者更好地理解投资项目的特性和风险程度，从而做出更加明智的决策。

及时的信息披露和风险监测也是投资决策的关键环节。企业需要建立健全信息披露机制，保证内部和外部信息的透明度和真实性，以便管理者能够及时获取最新的市场信息和企业动态，及时调整决策。同时，企业还需要建立有效的风险监测体系，对投资项目的风险状况进行监控和评估，及时发现并应对潜在的风险隐患，确保投资决策的有效实施和风险控制。

　　企业的利润分配关系到企业内部的利益分配和外部投资者的收益。企业的利润分配不仅仅是一个简单的资金分配过程，更是企业管理和运营中的重要环节。在制定利润分配策略时，企业需要根据自身的盈利情况和市场需求，灵活运用各种分配方式，包括现金分红、转增股票、利润留存等，以满足不同投资者和利益相关方的需求。通过合理的利润分配，企业可以实现内外部各方利益的平衡，确保企业的长期可持续发展。

　　企业在利润分配过程中还应考虑到员工的积极性和稳定性，通过股票期权、员工持股计划等激励措施，吸引和留住优秀人才，提高员工的工作积极性和忠诚度。只有员工稳定性和积极性高，企业才能形成良好的内部合作氛围，推动企业战略目标的实现。

　　在利润分配中，企业还需要严格遵守相关法律法规，保障各方利益，防止出现违规操作和纠纷。企业应建立健全内部控制体系，加强内部监督和审计，确保利润分配过程的公平、公正和透明。同时，企业应积极履行社会责任，回馈社会，提升企业的社会形象和声誉。

　　企业的利润分配不仅影响企业内部的利益分配和外部投资者的收益，也关乎企业的员工积极性、企业稳定发展和社会责任履行。企业应该在利润分配过程中全面考虑各方利益，遵循法律法规，确保企业健康稳定发展。这样，企业才能在激烈的市场竞争中立于不败之地，实现长期可持续发展的目标。

五、企业财务会计管理策略

　　财务规划策略是企业战略规划的重要组成部分。通过财务规划，企业可以分析当前财务状况，制定相应的财务目标和计划，以实现企业长期发展的战略目标。在财务规划过程中，企业需要考虑内部和外部环境的变化，制定合理的财务预算和投资计划，以实现对风险的管控和规避。同时，财务规划也需要与企业的经营活动和战略目标相结合，确保企业在经营过程中能够有效地管理和利用资金，最大限度地降低财务风险，实现财务目标的实现。

　　在实践中，企业需要根据不同的经营情况和市场环境，灵活调整财务规划，以应对各种风险和挑战，确保企业的稳健发展。企业还需要充分考虑到市场竞争的激烈程度，以及行业发展的趋势和规律。在这个过程中，企业需要制定灵活的财务策略，确保资金的有效运作和利用。财务规划也需要与企业的人力资源管理相结合，以确保企业在实施财务计划时能够充分发挥员工的潜力和积极性。

企业还应不断完善财务管理体系，建立科学、规范的财务制度和流程。在财务规划实施过程中，企业需要密切关注财务数据的变化，及时调整财务方案，以应对外部环境的不确定性和风险。同时，企业还需要加强内部控制，建立健全监督机制，确保资金的安全和有效运作。

企业在进行财务规划时还需要考虑跨国经营的特点和挑战，制定相应的国际财务会计管理策略，确保企业在国际市场上保持竞争力。在经济全球化的背景下，企业需要不断提升自身的国际化水平，加强与国际金融市场的联系和合作，以实现企业的全球化发展战略。

财务规划是企业长期发展的关键，只有制定科学合理的财务策略和计划，企业才能在激烈的市场竞争中立于不败之地，实现稳健可持续的发展。企业需要不断学习和适应市场的变化，灵活调整财务规划，确保企业的财务目标得以实现，实现经济效益和社会效益的双赢局面。

财务风险是指企业在经营活动中面临的可能导致财务损失的各种不确定因素和事件。对于企业而言，财务风险可能来自市场风险、信用风险、利率风险、汇率风险等多个方面，需要通过有效的财务风险管理策略来进行有效控制。

在复杂多变的市场环境下，企业面临的财务风险也越来越多样化和复杂化。为了有效管理这些风险，企业需要制定相应的风险管理策略和措施。企业需要建立完善的内部控制体系，确保财务信息的可靠性和真实性，及时发现和解决潜在的财务风险。企业需要进行定期的财务风险评估和分析，识别潜在的风险因素，并通过制定相应的风险管控措施来降低风险的发生概率和影响程度。

企业还需要注重提升财务风险管理的专业能力和技术水平，不断完善和优化财务风险管理的制度和流程，提高对风险的识别和应对能力。同时，企业还应与外部合作伙伴和专业机构建立良好的合作关系，共同应对市场风险和变化。

企业财务风险管理是企业管理的基础和重要环节，是确保企业经济效益和可持续发展的关键。通过加强内部控制和风险管理，建立完善的财务管理体系，提升财务管理和风险管理的专业能力和水平，企业可以更好地应对外部环境的挑战和风险，实现长期稳定的发展目标。

在财务风险管理中，企业需要密切关注市场风险、信用风险、流动性风险等各种可能影响财务状况的因素。同时，企业应建立健全财务风险管理框架，确保及时有效地识别、评估和应对各类风险。在企业管理层的领导下，财务部门应根据企业的实际情况，制定相应的风险管理政策和措施，建立风险管理体系，对不同类型的财务风险采取相应的对策。

　　企业还需要注重人员培训和技术储备，提高员工的风险意识和应对能力。只有建立起一支专业、懂风险、善管理的团队，企业才能更有效地应对各类风险挑战。在财务报表编制过程中，不仅要强调数据的真实性和准确性，还要注重报表的解读和分析，及时发现并应对可能存在的潜在风险。

　　总而言之，财务风险管理是企业经营管理中不可或缺的一环。只有建立健全财务风险管理体系，加强内部控制和风险管理，企业才能有效地预防和化解财务风险，提升经营管理水平，实现稳健发展。企业应把财务风险管理作为重要任务，并不断完善和提升自身的风险管理水平，以应对日益复杂多变的市场环境和竞争压力，确保企业的长期稳定发展和可持续经营。

　　在企业经营中，财务会计管理是至关重要的一环。通过科学的财务资源配置，企业可以更有效地实现财务目标，降低风险并提高盈利能力。财务会计管理策略在其中扮演着重要的角色，它们不仅指导着企业如何合理分配资源，还帮助企业更好地理解和控制财务风险。

　　财务会计管理策略包括对企业财务结构的设计和管理，财务资源的配置，财务决策的制定和执行，以及财务风险的识别、评估和应对。其中，财务资源的配置是其中一个关键方面。在财务资源配置中，企业需要根据市场需求和自身实际情况，合理地分配资金、人力和时间资源，以实现最大的效益。

　　在财务资源配置中，企业需要考虑如何有效管理和利用资金，以确保资金的充足和流动性。在经营中要注重收入与支出的平衡，避免财务风险的积累。企业还需要审慎选择投资项目，确保投资回报率和风险之间的平衡。同时，企业还要加强内部控制，规范财务管理流程，预防财务风险的发生。企业需要定期进行财务风险评估，及时发现和解决潜在的风险问题。企业还应建立健全的资金监控机制，有效监督和控制资金的使用，确保企业财务的安全和稳健。

　　财务资源的合理配置有助于企业提高财务绩效，降低运营风险。通过将资金投入盈利能力较高的项目中，企业可以提高整体的盈利水平，增加现金流量。合理配置人力资源可以提高工作效率，加速资金周转，减少浪费；合理配置时间资源可以确保企业能够及时应对市场变化，降低外部环境带来的风险。

　　企业在财务资源配置中也需要考虑风险控制的因素。通过科学的财务资源配置和有效的风险管理，企业可以更好地实现财务目标，降低风险并提高盈利能力。财务会计管理策略的制定和执行，以及财务资源的合理配置，对企业的长远发展至关重要。企业需要不断调整和优化策略，以适应市场变化和风险挑战，确保企业的可持续发展。

财务绩效评估是企业评价财务管理效果的重要手段。通过财务绩效评估，企业能够了解自身的财务状况，评估财务目标的实现情况，识别问题和改进的方向。财务绩效评估通常包括财务指标和非财务指标两个方面。

在财务指标方面，企业可以通过比较利润表、资产负债表和现金流量表等财务报表，评估企业的盈利能力、偿债能力和经营活动的现金流情况。例如，企业可以通过计算利润率、资产负债率、经营活动现金流入流出比等指标来评估企业的财务状况和绩效表现；通过财务比率分析、偿债能力指标分析等方法，评估企业在市场竞争中的地位和财务健康程度。

在非财务指标方面，企业可以考虑这些指标在评价企业绩效时的作用。例如，员工满意度、客户满意度、市场份额、产品质量等非财务指标，可以帮助企业评估企业的绩效和管理效果。通过对非财务指标的评估，可以帮助企业了解其在产品、市场、客户等方面的表现，及时调整战略和管理方针，以适应市场变化和提高企业绩效。

在实际操作中，企业可以结合财务指标和非财务指标综合评估企业的绩效表现。通过比较目标值和实际值，及时发现问题和差距，并通过调整策略、优化管理等方式提高绩效。同时，企业还可以利用财务会计管理系统和信息化技术，提高财务信息的准确性和及时性，以支持财务绩效评估的实施。

未来，随着市场环境的不断变化和风险挑战的增加，企业需要不断完善财务绩效评估机制，探索更全面、科学的评估方法。只有通过持续改进评估方法和机制，企业才能更好地监控和改进财务管理效果，确保企业持续健康发展。同时，企业还应该注重人才培养和团队建设，提高员工的绩效意识和专业能力，为企业的可持续发展奠定坚实的基础。最终，企业通过将财务绩效评估融入日常管理中，可以有效提升企业的管理水平和竞争力，实现长期稳定的发展目标。

在进行财务决策时，企业通常会依据一系列的模型和方法来进行分析和评估，以实现财务风险的控制和管理。

风险分散策略，即通过在不同的投资标的和市场中进行投资来减少单一投资带来的风险；风险识别与评估策略，即通过对企业所面临的各种风险进行全面的识别和评估，以确定其对企业的影响和可能的防范措施。

在财务决策模型方面，企业通常会采用一系列的定量和定性分析工具来进行评估。其中，财务比率分析是一种应用广泛的方法，通过对企业财务数据进行比较和分析，评估企业的盈利能力、偿债能力和经营效率。灰色关联分析和模糊综合评价等定性分析方法也被广泛应用于企业财务决策的风险评估中。

在财务决策模型的基础上，企业还需要密切关注市场的变化和风险的出现，及时做出相应的调整和应对措施。同时，在制定财务政策和制度的过程中，企业需要考虑经济环境、政策法规、行业竞争等因素的影响，确保政策的科学性和有效性。企业应建立起严密的内部审计和监测机制，及时发现潜在风险并进行有效应对。

此外，企业在财务会计管理中还会运用风险控制和规避等方法来进行风险管理。风险控制主要是通过制定严格的财务政策和制度，加强内部控制，防止财务风险的发生和扩大。风险规避则是通过交易风险对冲和保险等方式来降低财务风险的影响，以保障企业的财务安全和稳定。

在风险规避方面，企业可以考虑借助金融工具来对冲交易风险，同时购买适当的保险产品来降低财务风险的影响。企业还可以积极寻求与其他企业或金融机构的合作，共同应对市场变化和风险挑战。在实践中，企业需要始终保持敏锐的市场洞察力和灵活的应变能力，及时作出决策调整并采取有效措施，以确保财务风险的有效管控和管理。

企业在财务会计管理中，通过制定合理的策略和运用有效的决策模型，结合风险控制和规避等方法，来实现对财务风险的管控和管理。这不仅能够帮助企业有效应对外部环境变化和市场波动，还能够提高企业的盈利能力和持续发展能力。在未来，随着市场和环境的不断变化，企业需要不断探索和创新财务会计管理的方法和手段，以应对更加复杂和多变的风险挑战。

第三节　企业财务会计管理与风险管控存在的问题

（一）信息不对称问题

信息不对称是指在信息交流和传递过程中，一方拥有比另一方更多或更准确的信息，导致交易不公平或不稳定。

信息获取困难。在企业内部，不同部门之间的信息流通可能存在壁垒，导致某些关键信息无法及时传达给需要的部门或个人。在与外部合作伙伴进行交易时，企业也往往难以获取对方的真实财务信息，从而影响交易的公平性和准确性。

信息传递不及时。在企业财务会计管理和风险管控中，信息的时效性对于决策的准确性至关重要。然而，由于信息传递的滞后性，企业在应对突发风险和变化时往往处于被动地位，无法及时调整策略和措施，从而增加了风险隐患。

信息不对称还可能导致信息的不完整性和不准确性。在企业财务会计管理中，存在一些隐藏的财务数据和事实，这些数据对于企业财务状况和风险管理至关重要。然而，由于信息不对称问题，这些关键信息往往被掩盖或篡改，企业在风险判断和决策过程中出现偏差和错误。

信息不对称问题不仅存在于企业内部，也普遍存在于企业与外部合作伙伴之间的信息交流中。在与供应商、客户、竞争对手等各方的互动中，信息不对称问题导致合作双方在谈判、合同签订等方面存在矛盾和误解，增加了合作的风险和不确定性，甚至导致企业错失商机和发展机会，以及恶性竞争和诉讼纠纷。

为了解决信息不对称问题，企业需要加强对外部市场信息的收集和分析，了解行业发展动向和竞争格局，及时调整战略和策略，降低市场风险。同时，企业也应该建立健全供应链管理体系，加强与供应商和客户之间的信息共享和沟通，建立长期稳定的合作关系，共同应对市场波动和风险挑战。企业还可以借助信息技术手段，建设内部信息系统和数据平台，实现各部门之间的信息共享和协作，提高信息传递的效率和准确性。

总的来说，信息不对称问题是企业面临的一个普遍挑战，需要企业高度重视并采取有效措施。只有建立健全信息管理机制，打破信息壁垒，实现信息对称，企业才能更好地规避风险，提升竞争力。

（二）利益冲突问题

企业财务部门的职责是确保企业财务数据真实准确，遵守相关法规，保障投资者和股东的利益。业务部门则可能更加关注企业的经营业绩和市场竞争力，可能会希望利用某些财务手段美化业绩。

在决策过程中，财务部门和业务部门之间也可能存在利益权衡的情况。例如，在投资决策中，财务部门可能更倾向于保守的财务风险管理，而业务部门则可能更看重投资的回报率和市场占有率，有时会存在对投资风险的低估。

在财务风险管控中，企业往往需要在风险和回报之间进行权衡。一些投机性的金融工具可能在带来高风险的同时也带来高回报，而一些传统的稳健投资可能风险相对较低，但回报也相对有限。在这种情况下，企业管理层可能会面临着如何平衡短期利益和长期利益的问题。

企业在财务风险管控中需要考虑不同利益相关方的需求和期望。例如，股东更加关注企业的盈利能力和股价表现；员工更加关注企业的稳定性和发展前景；供应商和客户更加关注企业的信用和履约能力。企业需要在这些不同利益相关方之间做出平衡，兼顾各方的利益。

在面临不确定性和市场波动的情况下，企业应当审慎管理财务，不仅要考虑投资回报率，还要综合考虑风险和回报之间的平衡。

企业在财务风险管控中需要考虑到政治、经济、社会和技术等方面的变化，以及国际关系。这些外部因素可能会对企业的经营和发展产生重大影响。

总之，企业管理层在处理利益冲突问题时，注重整体利益，并在各方利益之间寻求平衡。同时，有效的财务风险管控和全面考虑外部环境的因素，也是企业可持续发展和稳健经营的重要保障。通过努力寻求利益相关方之间的共赢，企业可以更好地应对风险挑战，保持竞争力，实现可持续发展的目标。

（三）技术更新问题

技术更新在企业财务会计管理和风险管控中扮演着至关重要的角色。随着科技的不断进步和发展，企业在财务会计管理和风险管控方面也需要不断保持更新，以适应市场的变化和应对不断涌现的风险挑战。

技术更新的频率是企业面临的一个挑战。随着科技的快速发展，各种新技术层出不穷，企业需要不断跟进并将其应用到财务会计管理和风险管控中。技术更新的频率过快可能使企业难以及时跟进，容易造成技术滞后和信息不对称的问题。

技术更新的成本也是企业的一大负担。新技术的采用和应用通常需要企业投入大量资源和资金用于技术更新，这对企业的财务状况和盈利能力都会产生一定的影响。一些中小型企业可能因为无法承担这种更新成本而面临技术转型的困难。员工技术培训也是一个不容忽视的挑战。随着技术的更新换代，企业需要培养员工不断学习和适应新技术的能力，以保证财务会计管理和风险管控工作的顺利进行。企业需要在保证生产经营的同时，合理安排员工的培训计划。

技术更新在企业财务会计管理和风险管控中带来了一系列问题与挑战。企业需要在不断追求技术创新的同时，谨慎评估技术更新带来的影响，合理规划技术更新的策略，以实现财务风险的有效管控和管理。这需要企业在制定发展策略时综合考虑技术更新的影响，以实现财务管理和风险管控的良性发展。

技术更新也在生产制造、营销销售等方面带来了诸多影响。企业需要不断更新自身技术水平，跟上市场和行业的发展步伐，确保自身竞争力的持续提升。

在技术更新的过程中，企业应当全面考虑各方面的影响因素，包括人员培训、设备更新、资源配置等方面。其中员工技术培训是很重要的一环，因为只有员工具备了最新的技术知识和技能，企业才能更好地适应市场变化，提高生产效率和产品质量。

技术更新还需要企业领导层的坚定决心和正确引导，只有在领导层的正确决策和支持下，企业才能顺利完成技术转型。

在今后的发展中，企业面临的技术更新问题将越来越多样化和复杂化，需要企业认真对待，采取有效措施，建立起一套完善的技术创新机制，鼓励员工参与技术更新，促进企业技术的不断进步。只有在不断追求技术创新的过程中，企业才能不断提升自身的竞争力，保持领先地位。

第二章　企业财务风险管控

第一节　风险管理

一、风险管理的内涵与重要性

在当今不断变化和不确定的商业环境中，企业必须认识到风险管理是企业生存和发展的必备条件，只有不断学习和改进，提高风险管理的科学性和有效性，企业才能在市场竞争中占据领先地位，实现可持续发展目录。

企业风险管理的目标是通过对潜在的风险因素进行分析、评估和控制，以最大限度地减少不确定性和损失，从而确保企业在竞争激烈的商业环境中稳健发展。企业风险管理的核心目标是在充分了解风险的基础上，制定有效的措施和策略，以应对可能出现的不利情况。企业的成功与长期稳定发展离不开对风险的有效管理，只有将风险控制在可承受的范围内，企业才能在市场竞争中立于不败之地。

风险管理是指根据企业的实际情况和市场环境制定相应措施，以降低和控制可能面临的各种风险，保障企业的可持续发展。同时，风险管理还包括风险的监控、报告和回顾等重要环节，确保企业在面对挑战和变化时能够及时做出正确决策，避免损失和陷入危机。在实践中，企业需要坚持风险管理的核心原则，确保企业各项活动符合法规要求，规避潜在风险，实现可持续发展。

风险管理应当贯穿于企业的各项实践中。在风险管理的实施过程中，企业需要根据其具体情况和所处市场环境，有针对性地采取措施来应对各种潜在风险。建立科学和全面的风险管理体系，对不同性质和程度的风险进行分类，能够帮助企业更好地识别、评估和应对风险，从而保证企业的稳健经营。

风险管理并不止步于一次性的评估和规避，而需要在企业运营中持续不断地进行监控、报告和回顾。企业由此能够更快速地应对各种风险事件，保障企业的正常运营。同时，对风险的及时、真实报告以及总结经验教训，可以帮助企业不断改进风险管理体系，降低再次发生同类风险的概率。

二、风险的分类

（一）内部风险

内部风险是企业在经营过程中由内部因素导致的可能引发财务损失的潜在

风险。内部风险主要包括管理层失误、内部控制不完善、员工舞弊等。

要重视管理层失误带来的风险。管理层是企业的领导者和决策者，他们的决策将直接影响企业的运营和发展。如果管理层无法正确评估风险和制定有效风险管理措施，就会导致企业面临严重的风险。为了防范管理层失误带来的风险，企业需要建立健全内部决策机制，确保管理层决策的科学性和合理性；加强对管理层的监督和评估，确保他们能够胜任自己的工作。

内部控制不完善是导致内部风险的重要因素。内部控制是企业为了实现经营目标，防范和减少各种风险所建立的一系列控制措施和制度。如果内部控制不完善，就容易导致企业内部漏洞被利用，造成财务损失。因此，企业需要建立健全内部控制体系，包括明确职责分工、规范流程和操作、建立审计和监督机制等，强化对内部业务流程的监控和控制，确保企业的资源得到充分有效的利用，提高企业内部控制水平。

员工舞弊也是企业内部风险的一个重要来源。员工在工作中可能会出现违规行为，如贪污、侵占公款等，给企业带来经济损失和声誉损害。要防范员工舞弊，企业需要建立健全员工管理制度，加强对员工的教育和培训，培养员工的职业操守和道德情操，同时建立严格的审核和监督机制，及时发现和处理员工违规行为，确保员工行为合乎公司的规章制度。

为了应对内部风险，企业需要建立完善的内部管理机制，加强内部控制措施，防止各种潜在风险的发生。企业应该建立明确的管理责任制度，明确各个岗位的职责和权限，将责任落实到每个岗位和每个员工。企业需要加强对内部流程和操作的规范化管理，确保各项操作符合法律法规和规章制度。同时，建立健全内部审核和监督机制，实时监控企业各项经营活动，及时发现并处理异常情况。企业还应加强对员工的教育和培训，提升员工的风险意识和自我保护意识，增强员工的法律意识和职业道德水平。最重要的是，企业领导者需要树立正确的经营理念，关注内部风险管理，将风险管理纳入企业的战略规划中，不断完善内部控制体系，以确保企业的长期可持续发展。内部风险管理不仅仅是企业维护自身利益的需要，更是企业社会责任的体现。只有加强内部风险管理，企业才能更好地赢得市场信任，实现可持续发展。

（二）外部风险

外部风险是指来自外部环境的各种不确定性因素，包括市场风险、政策风险、技术风险等。这些风险是企业难以控制的，但企业可以通过有效的风险管理措施来降低其对企业财务的影响。

市场风险包括市场需求的变化、竞争加剧、商品价格波动等因素。企业应该密切关注市场变化，及时调整经营计划和战略，灵活应对市场波动，降低市场风险对企业经营的不利影响。

政策风险包括宏观经济政策、行业监管政策、税收政策等因素。企业应该密切关注政策的变化，积极响应政策，合法合规经营，避免因政策风险而造成经营困难。

技术风险也是企业面临的外部风险之一。随着科技的不断发展，企业在运营过程中可能面临技术更新换代、信息安全等问题。企业应该保持技术敏感性，不断提升技术水平，加强信息安全管理，有效防范技术风险带来的影响。

外部风险是企业运营过程中难以避免的问题，但企业并非无能为力。通过建立完善的风险管理体系和机制，企业可以有效地降低外部风险对企业造成的不利影响。除了建立风险管理体系外，企业还可以通过参与行业协会和组织，加强对外部环境的了解和应对，降低外部风险带来的不确定性。同时，企业还可以加强与政府部门和监管机构的合作，共同应对外部风险对企业的影响。

企业在面对外部风险时应该注重技术创新和信息化建设，提升企业自身抵御外部风险的能力。通过采用先进的防范技术手段，企业可以更好地防范技术风险对企业的潜在威胁。同时，加强信息化建设，建立完善的信息管理系统，可以有效提高企业对外部风险的感知能力和应对能力，确保企业在面对外部风险时能做出更为及时和有效的应对措施。

企业在面对外部风险时，还应该以建立完善的风险管理体系为基础，加强行业合作与政府合作，同时注重技术创新和信息化建设，全面提升企业自身对外部风险的防范和化解能力。只有通过这些综合措施，企业才能更好地规避外部风险带来的负面影响，实现企业的可持续发展。

三、风险管理的流程

在风险管理流程中，风险识别是首要步骤，只有对潜在的风险有清晰的认识和了解，企业才能有效地制定应对措施，降低风险对企业的影响。企业需要全面、系统地识别各种可能会影响企业运营和发展的风险因素，并对其进行分类和分析，以确保企业能够做出明智的决策，并采取适当的措施进行风险管控。

在进行风险识别的过程中，企业需要确保各部门之间有效沟通和协作，以全面了解风险可能发生的领域和概率；企业应当密切关注外部环境的变化因素，及时调整策略和资源配置以减少风险带来的潜在损失。只有通过有效的风险识别，企业才能预防和控制风险，保障企业的持续稳健发展。

风险识别需要企业全员参与，每个员工都应当对潜在风险有清晰的认识，并能够及时采取行动。员工应当充分了解各种风险事件会对企业造成的影响，以及如何应对和处理风险。只有当企业全体员工都能积极参与到风险识别中来，企业才能真正做到齐心协力、共同应对各种挑战。

企业应当建立健全风险管理机制，包括建立专门的风险管理团队和流程，定期进行风险评估，及时向企业高层管理层报告风险情况，并制定相应的风险管理措施。只有通过这样的综合机制，企业才能有效地识别风险。

风险评估是企业财务管理中至关重要的一环。通过对风险的系统评估，可以帮助企业充分了解可能面临的各种风险，并采取相应措施进行应对和管理。风险评估流程包括风险识别与评估、风险分析和风险处理等环节，每个环节都至关重要。企业需要通过严谨的风险评估来确保自身的财务安全和稳健经营，同时也为未来的发展打下坚实基础。在风险评估过程中，企业需要综合考虑内部和外部因素，全面评估潜在风险和影响，以及相应的概率和严重程度。

在风险评估的过程中，企业需要综合考虑各种可能的风险因素，包括市场风险、信用风险、操作风险等。只有通过对潜在风险的全面评估和分析，企业才能制定出有效的风险管理策略，以应对可能发生的不利影响。通过科学系统的风险评估，企业可以更好地把握风险的发生概率和严重程度，从而在面临风险时能够做出明智的决策，避免损失并实现可持续的经营发展。

风险评估不仅仅是为了保障企业的财务安全，更是为了为企业的未来发展夯实基础。只有通过严谨的风险评估，企业才能在竞争激烈的市场环境中稳健前行，实现长期持续的经营目标。因此，企业需要高度重视风险评估工作，不断完善风险管理体系，以确保企业能够在变幻莫测的市场中立于不败之地。

风险控制是指企业在经营管理过程中为降低风险发生可能性以及减轻风险带来的影响而采取的一系列措施。企业通过有效的风险控制，可以更好地保障企业的财务稳健发展，提高企业的抗风险能力和竞争力。风险控制需要企业在全面、系统地评估并分析企业面临的各类风险的基础上，制定相应的控制策略和措施，从而处理不确定性因素。企业应当建立健全内部控制机制，加强对风险的监控和预警，确保企业在风险发生时能够及时应对和处理，降低风险带来的损失。同时，企业应当培养员工树立风险意识，提高员工应对风险的能力和水平。企业在进行风险控制时，需要遵循风险管理的规范和标准，确保控制措施的有效性和可执行性，做到防患于未然，保障企业的可持续发展。

在风险控制过程中，企业需要不断完善自身的管理体系，建立起一个科学有效的风险管理机制。这需要企业领导者有高度的责任感和决策能力，能够明确风险控制的重要性，并制定出切实可行的风险控制措施。企业需要注重团队建设，培养员工的团队协作意识和风险应对能力，使整个企业成为一个风险管理的共同体。企业还应加强与外部合作伙伴的沟通和合作，共同应对市场变化和竞争压力带来的各种风险挑战。

此外，企业还需要不断学习和借鉴其他企业成功的风险管理经验，及时调整自身的风险控制策略，增强企业的市场适应能力和应变能力。企业还应积极主动发现和分析可能存在的潜在风险，做到事前防范、事中应对、事后评估，确保企业风险控制工作的全面性和科学性。

企业风险应对需要风险应对是企业风险管理中的一个重要环节。根据具体的情况进行调整和执行，以达到事半功倍的效果。企业在进行风险应对时，需要权衡各种因素，包括成本、效益、可行性等，以确保应对措施的有效性和可持续性。

风险应对的重要性不容忽视，企业在面临各种风险时必须及时做出应对措施，以确保业务的顺利运行和稳健发展。在风险管理过程中，企业需要通过有效的监控和评估，识别潜在的风险因素，并采取相应的措施加以规避或降低风险的发生概率和影响程度。

在应对风险的过程中，企业需要不断进行风险评估和监控，及时更新应对措施，以应对不断变化的市场环境和外部因素。企业需要充分利用现代科技手段，建立数据分析和预测模型，及时发现风险隐患并制定相应措施。同时，企业还需加强内部沟通与协作，形成有效的风险管理团队，从而能够快速响应突发风险事件，避免损失扩大。

另外，企业还应加强对外部环境的监测和分析，及时了解市场动态和竞争对手的行动，从而做出灵活的战略调整，应对潜在风险。同时，企业还需与相关政府部门和行业组织保持良好的合作关系，共同应对行业发展中的各种不确定性和挑战。

风险应对是企业发展过程中必不可少的环节，只有经过周密的计划和有效的执行，企业才能在激烈的市场竞争中立于不败之地，实现可持续发展的目标。

风险监控是企业财务管理中一个非常重要的环节，通过监控各种潜在的风险因素，可以帮助企业及时发现和应对可能发生的风险事件，保障企业的财务安全和稳定。在风险监控过程中，企业需要不断收集、分析和评估各种风险信息，以便及时做出决策和调整对策，以应对潜在的风险事件。风险监控的目的是保证企业在面临各种不确定性的情况下仍能够保持财务稳定和持续发展。这就需要企业建立一套完善的风险监控体系，包括明确的监控目标、规范的监控方法和科学的监控流程，以确保风险监控工作的高效性和准确性。在风险监控过程中，企业需要建立风险监控团队，制定明确的风险监控计划和方案，定期进行风险评估和分析，及时报告和沟通风险信息，以便企业管理层能够做出及时的决策和应对措施。通过建立健全的风险监控机制，企业可以有效降低财务风险，提高经营效益，实现可持续发展。

在风险监控工作中，企业需要关注的是如何识别各种潜在的风险因素，并采取相应的措施来应对。风险监控行动应当着眼于实践应用，不仅要对各项风险进行有效管控，还需不断优化监控流程，确保其有效性和实用性。在团队建设方面，企业需要重视风险监控团队的专业化培训，提升其风险识别和应对能力。一旦出现潜在的风险事件，团队能够快速做出反应，并制定有效的风险应对方案，以最大限度地降低风险带来的损失。

为了保障企业的财务安全和稳定，企业还需要确保风险监控工作贯穿于整个经营管理过程中。这意味着风险监控不仅是一项具体的任务，更是一种管理理念和方法。企业应该建立健全的风险管理文化，使每一位员工都意识到风险管理的重要性，并能够主动参与和支持风险监控工作。

在实践中，企业还应该注重信息的共享和沟通，在风险监控过程中及时收集、整合和传递风险信息，以提高整体的风险感知能力，减少因信息不畅导致的风险漏洞。同时，企业还应积极借鉴和学习国际先进的风险监控经验，不断提升自身的风险管理水平，以应对不断变化的商业环境和市场竞争压力。

总的来说，建立完善的风险监控体系，不仅可以帮助企业有效降低财务风险，提高盈利能力，还可以增强企业的竞争力和可持续发展能力。风险监控工作需要全员参与，注重团队合作和专业素养提升。只有这样，企业才能在日益激烈的市场竞争中立于不败之地。

四、风险管理的工具

在企业的财务领域，风险管理是至关重要的。企业在经营过程中面临各种内部和外部的风险，如市场风险、信用风险、流动性风险等。为了有效地管理这些风险，企业需要借助一系列风险管理工具来识别、评估和控制风险。财务报表分析是常用的风险管理工具之一。

风险管理工具的运用可以帮助企业有效管理风险，提高企业的绩效和竞争力。通过财务报表分析，企业可以更好地了解财务状况和经营情况，发现并评论风险，并采取相应的风险管理措施。企业需要结合财务报表分析的结果，制定相应的风险管理策略，保障企业的可持续发展。

企业财务报表分析不仅可以帮助企业及时发现潜在的风险，还可以提高企业的经营效率。通过深入分析财务报表，企业可以更好地理解自身的财务状况和经营情况，有针对性地制定经营策略和决策。同时，财务报表分析还能为企业提供及时的财务信息，使管理层在决策时更加准确和有把握。

在进行财务报表分析的过程中，企业可以全面评估自身的财务风险，从而更好地规避风险带来的损失。通过科学的分析方法和风险管理工具的运用，企业可以有效降低各种风险对企业的影响，保障企业的可持续稳健发展。制定相应的风险管理策略可以使企业在面临各种挑战时能够迅速做出反应，确保企业的长期成功和发展。

财务报表分析还可以为企业的长期发展规划提供重要依据。通过深入分析财务数据，企业可以更好地把握市场走向和企业的发展趋势，制定符合企业实际情况的长期发展规划，提高企业的整体绩效和竞争力。综合利用财务报表分析结果，企业可以更加精准地评估自身的发展定位，有效规划未来发展方向。

风险指标体系在风险管理中起着重要作用。一个科学合理的风险指标体系可以帮助企业更好地监控和评估风险水平，及时发现潜在的风险隐患。通过对风险指标的监测和分析，企业可以及时做出相应的风险预警和应对措施，以保障企业在竞争激烈的市场环境中稳健经营。

建立和完善风险指标体系需要企业不断探索和实践，不断总结经验教训，及时调整和优化指标体系。只有在不断迭代和完善的过程中，企业才能建立起真正适合自身情况的风险管理机制。企业需要不断加强内部人员对风险管理的意识培养和专业能力提升，只有这样，才能更好地应对各种复杂的风险挑战，确保企业的财务安全和稳定发展。

风险管理软件是一种重要的风险管理工具。它能够帮助企业管理者更好地识别、评估和应对各类风险，提高企业的风险管控能力。通过风险管理软件，企业可以建立起完善的风险管理体系，实现全面、系统的风险管理。在当前快速变化的商业环境中，风险管理软件对企业的发展至关重要。通过风险管理软件，企业可以及时发现、分析和应对风险，保护企业的财务安全和稳定。风险管理软件的应用，不仅提升了企业的风险管理水平，也为企业的可持续发展提供了有力支持。风险管理软件的发展与创新，将进一步促进企业财务会计管理与风险管控的探究和提升。

风险管理软件的广泛应用已经成为企业风险管理的必备工具。随着信息技术的不断发展和完善，风险管理软件在企业管理中的作用也变得更加重要。企业可以通过风险管理软件实现风险预警、风险评估和风险防范，进而提升企业的整体风险管理水平。风险管理软件的应用不仅可以帮助企业管理者及时了解企业所面临的各种风险，还能够帮助企业建立有效的风险管理措施，最大限度地降低可能的风险损失。风险管理软件的发展也为企业带来了更多的机会和挑战。通过不断优化和创新风险管理软件，企业可以更加灵活地应对外部环境的变化，以及各种风险的挑战。同时，风险管理软件的发展还推动了企业内部风险管控机制的建立和完善，从而使企业在面临挑战和竞争中更具备持续发展的能力。

风险管理软件在企业管理中的作用不容忽视，它为企业提供了一种高效、便捷的风险管理解决方案，为企业的可持续发展提供了有力的保障。

风险对冲工具是企业在各种不确定性情况下，通过使用一系列金融工具来减轻或者抵销潜在的财务风险。企业通常会利用各种金融衍生品等工具来规避或者降低可能对其造成不利影响的风险因素。

对于企业而言，市场上的各种不确定性因素时常存在，随时可能对企业的财务稳定性造成负面影响。因此，选择适当的风险对冲工具是保障企业财务利益的重要手段之一。在实际操作中，企业可以通过多种途径，如期货、期权、远期合约等金融工具来规避潜在风险。

风险对冲工具的选择需要企业充分考虑自身的实际情况，评估财务状况、风险承受能力和市场环境等因素，以确保选用的工具能够有效地降低风险并提升企业的竞争力。不同类型的风险对冲工具具有各自的特点和适用场景，企业在选择时应根据具体情况进行权衡和选择。

风险对冲工具的使用可以使企业更加稳定地经营发展，保护企业的财务利益，提高企业在市场竞争中的竞争力。选择合适的风险对冲工具，有助于企业有效控制风险，降低经营风险，提升企业的盈利能力和竞争力。

企业在使用风险对冲工具时也需要谨慎操作，及时调整和优化风险管理策略，建立健全风险管理体系，做好对风险对冲工具的监控。

风险管理体系在企业的财务会计管理中起着至关重要的作用，是一种系统、有序的管理方法。通过建立完善的风险管理体系，企业可以有效地识别、评估、监控和应对各种潜在风险，保障企业财务稳健发展。风险管理体系通常包括风险管理政策、风险管理流程、风险管理工具和技术、风险管理团队等组成部分，通过这些环节的有机结合，确保企业能够及时有效地应对各种风险挑战。企业需要根据自身实际情况，建立起适合自己的风险管理体系，以提高企业的风险抵御能力和应对能力。有关风险管理体系的建设，是企业财务风险管理工作的重中之重，不容忽视。

风险管理体系在企业的财务会计管理中扮演着不可或缺的角色。通过风险管理体系的建立和运作，企业可以更好地应对各种潜在的风险挑战，保障财务的稳健发展。在实际操作中，企业需要具备一套完善的风险管理政策，明确各项风险管理流程和操作标准。同时，结合适当的风险管理工具和技术，建立一个专业的风险管理团队。这样的组成部分相互配合，可以有效地识别、评估、监控和应对各类风险事件。

风险管理体系的建立需要企业高层的重视和全员的参与，从而确保风险管理体系的有效运作。在实践中，企业应根据自身情况和行业特点，量身定制适合自己的风险管理体系。持续不断地对风险管理体系进行评估和调整，使其与企业的战略目标紧密相连，为企业的长远发展保驾护航。

风险管理体系的建设需要企业具备较强的执行力和应变能力，对于市场的波动和外部环境的变化都能做出迅速而准确的应对。只有通过不懈的努力和实践，企业才能建立起健全而持续的风险管理体系，提高企业的风险抵御能力和应对能力。在风险管理体系的支持下，企业可以更加稳健地前行，不断追求长期的发展目标，实现全面的可持续发展。

五、风险管理的意义

企业风险管理作为企业管理的重要组成部分，旨在识别、评估和应对各种可能影响企业目标实现的内外部风险因素，保障企业经营的可持续性和稳定性。风险管理不仅仅是防范危机和灾难的有效手段，更是企业发展和成长的基石和动力。通过建立健全的风险管理体系和机制，企业可以有效降低不确定性带来的负面影响，提升企业对市场变化和竞争挑战的适应能力和应变能力。

在当今复杂多变的市场环境中，企业财务会计和风险管理的密切结合，对企业的发展至关重要。企业需要不断提升财务会计和风险管理的水平和能力，加强质量管理和内控体系建设，有效应对市场风险和挑战，为企业可持续发展和创造长期价值奠定坚实基础。

在风险管理的引导下，企业能够更加注重战略规划和长远发展，避免盲目冒险和短视行为。通过建立全面的风险评估体系和灵活应变机制，企业可以更好地把握市场机遇，化解发展过程中的各种潜在危机，保持企业长期可持续竞争力。在追求回报的同时，企业也能够更好地履行社会责任，为社会经济健康发展贡献力量。

总的来看，风险管理对企业发展的重要性不言而喻。它不仅仅是危机处理的工具，更是企业成长的保障和推动力。只有不断完善风险管理机制，才能够使企业在挑战中不断前行，提升国际竞争力和塑造良好形象。企业要勇于面对风险挑战，勇于改革创新，才能在激烈的市场竞争中立于不败之地，赢得长远发展的成功。

企业风险管理是企业管理的一个重要环节，通过对企业可能面临的各种风险进行识别、评估和控制，以降低风险对企业经营活动的不利影响，确保企业的长期可持续发展。风险管理的管理意义在于帮助企业管理者更好地把握企业的风险状况，做出科学的决策，提高企业的竞争力和抵御能力，确保企业的长期健康发展。风险管理对企业治理的影响也是不可忽视的，通过规范企业的内部管理和控制制度，加强对企业决策的监督和制约，有效防范各种经营风险，提升企业治理的效率和透明度。

风险管理的意义在于提高企业的抗风险能力和发展潜力，确保企业在动荡不安的市场环境下稳健运营。通过风险管理，企业可以更好地规避风险，应对挑战，从而实现可持续发展和长期利润增长。

风险管理与企业战略的整合意味着企业将风险管理纳入整体战略规划和执行中，把风险管理作为企业发展的重要组成部分。通过整合风险管理与企业战略规划，企业能够更好地把握市场机遇，应对市场挑战，实现企业长期稳健发展的目标；可以促进企业的良性发展，提高企业的市场竞争力，为企业创造更加可观的经济效益。

风险管理与企业战略的整合是企业成功的关键因素之一。在竞争激烈的商业环境中，风险管理可以帮助企业保持稳健的经营状况，避免意外事件对企业造成的损失。通过与企业战略的有机结合，风险管理可以指导企业确定发展方向，制定相应的风险管理策略，提高企业的竞争力和可持续性。

风险管理与企业战略的整合还可以促进企业内部各部门之间的协作和合作。当企业的不同部门能够共同面对潜在的风险，并制定风险管理措施时，企业就能够更好地应对外部市场的变化。风险管理也可以激励企业员工积极参与决策过程，共同维护企业的长远利益。

六、风险应对与应急预案

企业面临的各种风险可能会对财务状况和经营活动产生严重影响，甚至导致企业倒闭。因此，企业需要制定相应的风险应对策略，以降低风险带来的损失。在应对风险的同时，企业还需要制定应急预案，以应对突发事件可能带来的影响，确保企业的持续稳定发展。

在对各种潜在风险进行分析和评估后，企业可以有针对性地制定相应的风险防范和控制措施，以降低风险发生的可能性和影响程度。制定风险应对策略不仅可以帮助企业规避潜在风险，还可以提高企业的风险承受能力，为企业的稳健发展奠定坚实基础。

在企业财务会计管理中，制定风险应对策略需要从多个角度全面考虑：一是从风险种类来确定；二是定期进行风险评估和监测，及时调整风险应对策略，以应对不断变化的市场环境。

建立应急预案机制意味着企业需要提前规划和准备，制定详细的预案和流程，明确各部门的职责和任务分工，建立起快速响应和决策机制。只有在预测风险的基础上，做好全面的准备工作，企业才能有效地防范和化解风险，保障企业的稳健运行。对于企业而言，应急预案机制是保障企业生存和发展的重要手段，也是构建企业财务会计管理体系的关键环节。

随着经济的发展和市场的变化，企业财务会计管理将继续发挥重要作用，不断提升管理的效率和质量，适应新的发展趋势和要求。企业需要加强风险管控，在财务会计管理中注重风险管理，在不断学习和总结的基础上，不断完善应急预案机制，加强风险防范和应对能力，促进企业的可持续发展和长期稳定。

在建立应急预案机制的同时，企业应该注重完善组织架构，明确各部门的职责和任务分工。只有做好充分的准备工作，企业才能有效地抵御外部风险的挑战，确保企业运营的稳定性和持续性。企业还需要加强人员培训和技能提升，提高员工的应急处理能力和危机意识，以应对各种突发事件带来的影响。

企业还应关注市场变化，积极采取灵活的策略，及时进行调整和优化，以适应新的发展趋势和要求。重视信息化建设，利用先进的科技手段来提升财务会计管理的效率和质量。借助大数据分析和人工智能等技术的应用，企业可以更加及时准确地把握市场情况和风险预警信号，从而更好地规避各种潜在的风险因素，确保企业的可持续发展和长期稳定。

企业要保持开放的心态，积极与外部专家和机构合作，共同探讨财务会计管理的最佳实践，共同促进企业的发展和进步。

七、风险管理的实践

著名企业在风险管理方面的经验丰富而独到，通过建立完善的风险管理体系和培养高效的风险管理团队，有效预防和控制潜在风险，确保企业的可持续发展。这些企业的风险管理经验为其他企业树立了一个良好的榜样，也为整个行业的发展贡献了力量。

苹果公司在全球市场上拥有极高的知名度和市场份额。苹果公司在风险管理方面非常重视预防和控制风险，建立了一套完善的风险管理体系。通过严格的风险评估和监控机制，苹果公司能够及时发现和应对潜在的风险，确保企业的稳步发展。

谷歌公司也是一家在风险管理方面表现突出的企业。谷歌公司致力于利用先进的科技手段和数据分析技术来识别和管理风险，为企业决策提供准确的参考。谷歌公司注重员工培训和风险意识的提升，倡导全员参与风险管理，共同维护企业的长期发展。

微软公司设立了专门的风险管理团队，负责识别、评估和管理各类风险，确保企业运营的稳健发展。微软公司倡导创新和开放的企业文化，鼓励员工提出风险管理方面的建议和改进建议，不断提升企业的风险管理水平。

阿里巴巴作为中国知名的互联网公司，注重风险管理的战略意义。该公司建立了完善的风险管理体系，将风险管理融入业务运营的方方面面。该公司鼓励员工具有风险意识，注重风险管理的全员参与，以保障企业长期的发展。

著名企业在风险管理方面的经验为整个行业树立了标杆，为其他企业提供了宝贵的借鉴。在未来的发展中，企业需要不断学习和吸取经验教训，做好风险管理工作，确保企业持续健康发展。在企业风险管理的道路上，需要不断追求卓越，不断完善自身的风险管理体系，不断提升风险管理的水平，以迎接不断变化的市场挑战。

A公司是一家知名的制造业企业，一直非常重视风险管理工作。公司建立了完善的财务风险管理体系，包括设立专门的风险管理部门，明确了财务风险的识别、评估、控制和应对措施。A公司还不断优化风险管理流程，引入先进的风险管理工具和技术，加强了财务风险的监控和预警能力；注重员工的风险管理培训，提高了全员风险意识和应对能力。通过这些实践，公司成功降低了财务风险的发生概率，保障了公司的长期稳健发展。

B公司是一家新兴的互联网企业，面对市场竞争的挑战，B公司充分认识到财务风险管理的重要性。B公司积极引进了金融衍生品等风险管理工具，加强了对市场风险、信用风险、流动性风险等方面的管理；建立了跨部门的风险管理协作机制，强化了内部控制和监督。在实践中，B公司经常开展财务风险评估，及时调整风险管理策略，保障了企业整体经营安全。B公司的成功案例表明，有效的财务风险管理对企业发展至关重要。

C公司是一家地产开发企业，面对宏观经济波动和政策调控的影响，C公司不断完善财务风险管理体系。C公司建立了严格的财务风险识别和预警机制，加强了对市场风险、环境风险、政策风险的防范和控制；还注重建立健全内部审计和风险监控机制，及时纠正和改进风险管理工作。通过这些实践，公司成功规避了财务危机的风险，确保了企业资金安全和财务稳健。C公司的案例表明，财务风险管理必须从多角度全面考虑，才能更好地实现风险管控的目标。

C公司的财务风险管理实践也给其他企业提供了有益的借鉴。除了建立严格的财务风险识别和预警机制外，C公司还积极开展风险管理培训，提高员工的风险意识和应对能力；与各相关部门的沟通和合作，共同制订风险管理方案，并定期进行评估和调整；建立与金融机构和保险公司的合作关系，通过多方合作共同承担风险，提高了企业的抗风险能力。

同时，C公司还注重技术手段的运用，建立了高效的信息化系统，实现对财务风险的实时监控和分析。C公司采用先进的数据挖掘技术和风险建模方法，精准识别和评估风险，为决策者提供及时的决策支持。通过信息化手段，公司能够及时发现潜在的风险点，并快速做出反应，有效降低了风险发生的可能性。

综合来看，C公司的成功实践表明，财务风险管理不仅仅是一项技术活动，更是一项系统工程。企业需从战略层面审视风险管理，合理分配资源，充分发挥团队合作和技术手段的作用，持续改进风险管理体系，使其与企业发展紧密结合，从而为企业的持续发展提供坚实的保障。

近年来，随着市场竞争的日趋激烈和行业变革的不断发展，企业在财务会计管理和风险管控方面面临着越来越多的挑战。在这样的背景下，一些企业开始意识到财务会计管理和风险管控之间的协同作用，通过有效整合两者，取得了显著的成效。

以某知名跨国企业为例，该企业在财务会计管理和风险管控方面的成功经验值得借鉴和总结。该企业在实践中发现，财务会计管理和风险管控之间存在着内在的联系和互相影响。在财务会计管理中，精准的数据分析和报告对公司的经营决策起着至关重要的作用。而在风险管控方面，及时的风险识别和有效的控制措施则能够减少公司面临的不确定性和损失。因此，该企业将财务会计管理和风险管控紧密结合，形成了一个相互支撑、相互促进的管理体系。

在实践中，该企业建立了一套完善的财务会计管理和风险管控体系，包括财务数据分析、风险评估、内部控制等多个环节。该企业加强了对财务数据的监控和分析，确保数据的准确性和及时性，为风险识别和决策提供可靠依据。通过风险评估工具和方法，该企业能够全面了解公司面临的各种风险，及时采取相应措施降低风险影响。该企业还加强了内部控制和审计机制，确保公司运营的合规性和稳定性。

通过财务会计管理和风险管控的协同作用，该企业取得了显著的成效。财务数据的准确性和及时性得到了提升，为公司的经营决策提供了更多的支持和保障。风险管控措施的及时性和有效性大幅提高，公司避免了许多潜在的风险隐患，保障了公司的利益和声誉。最重要的是，财务会计管理和风险管控的协同作用使得公司的整体运营更加高效和稳健，为公司的可持续发展奠定了坚实基础。

财务会计管理和风险管控的协同作用对企业的发展至关重要。借鉴成功企业的经验，加强财务和风险管理的整合，将有助于提高企业的管理水平和竞争力，实现企业的可持续发展目标。希望更多的企业在实践中探索财务会计管理和风险管控的协同作用，为企业的发展注入新的活力和动力。

成功的企业总是懂得利用财务会计管理和风险管控的协同作用，来达到更高的经营效益。在这个竞争激烈的时代，准确的财务数据和有效的风险管控不仅可以为企业带来更多的支持和保障，还可以提高企业的整体运营效率和稳健性。通过不断加强财务和风险管理的整合，企业可以更好地应对市场变化和挑战，保持竞争力。在实践中，企业需要继续探索财务会计管理和风险管控的协同作用，不断优化管理水平，实现可持续发展的目标。只有这样，企业才能在激烈的市场竞争中立于不败之地，持续发展壮大。愿更多企业能够意识到这一点，不断学习借鉴成功企业的经验，为自身发展注入新的活力和动力。通过不懈的努力和追求卓越，企业将走向更加光明的未来，成为行业的领军者，引领行业发展的潮流。

小型企业面临着越来越复杂的风险管理挑战。在资金有限、管理经验相对不足的情况下，小型企业往往难以有效应对各种风险。由于缺乏完善的风险管理体系和专业团队，小型企业在面对市场波动、金融风险、经营风险等方面常常捉襟见肘。

小型企业规模较小，企业内部管理结构相对简单，管理层难以及时发现和应对风险。在信息化程度相对低下的情况下，小型企业难以及时获取准确的财务信息，进而无法及时制定有效的风险管理策略。

小型企业在人才储备方面也存在瓶颈。由于企业规模小，难以吸引和留住高素质的管理人才，企业管理水平和风险管理能力难以提升。在面对外部环境变化和市场竞争的情况下，小型企业往往缺乏足够的抗风险能力。

小型企业的风险管理挑战是一个非常现实且棘手的问题。除了市场波动、金融风险和经营风险，小型企业还常常面临着人才流失、技术更新和供应链不稳定等各种风险。这些挑战往往会给企业带来重大影响，甚至威胁到企业的生存和发展。

为了有效管理和应对这些风险，小型企业需要不断加强内部管理，建立完善的风险管理机制。这不仅包括加强对市场情况和竞争对手的监测，及时调整经营策略，还需要不断提升管理团队的综合素质，增强风险意识和应变能力。企业还需要加大对人才的培养和引进力度，建立健全绩效评估和激励机制，吸引和留住优秀的员工，保证企业有足够的智力资本来面对各种挑战。

小型企业还可以通过加强与供应商和客户的合作关系，建立稳定的供应链体系，降低采购风险；通过引入新技术和创新理念，提升产品竞争力，降低技术更新带来的风险；通过建立健全财务管理体系，及时获取准确的财务信息，降低经营风险。只有不断完善管理机制，提升核心竞争力，小型企业才能够在激烈的市场竞争中立于不败之地，实现稳定而持续的发展。

第二节　企业内部控制机制建设

一、内部控制制度的建立

内部控制目标的设定是企业财务管理中至关重要的一环。通过设定合理的内部控制目标，可以有效地规范和管理企业的财务活动，降低风险，提高效率。在设定内部控制目标时，企业需要充分考虑自身的经营特点和风险情况，以确保内部控制目标的合理性和可操作性。同时，内部控制目标的设定应当与企业的整体战略目标和经营目标相一致，以保证内部控制的有效性和有效性。企业可以通过设定明确的内部控制目标，明确各项财务活动的责任及权限，规范财务流程，强化财务管理，从而达到提高企业经营效益和风险管控的目的。

通常来说，内部控制目标包括规范财务活动的流程和环节，明确各个岗位的职责权限，加强对财务活动的管理和监督。通过设立明确的内部控制目标，可以有效地预防财务风险，减少错误和失误的发生。良好的内部控制目标可以提高企业的财务运作效率，增强企业的经营能力和竞争力。企业在设定内部控制目标时，需要不断总结和调整，及时根据市场环境和内部情况进行修正，以适应不断变化的经济形势。内部控制目标的设定是一项持续的工作，需要企业全体员工的共同努力和配合，才能够真正发挥出内控的作用。

只有通过明确内部控制责任，建立起完善的内部控制机制，才能有效地管理和控制风险。在这个过程中，企业需要制定和实施内部控制制度，确保每个员工都清楚自己的责任范围和职责。这样才能有效地防范和应对各种风险，保障企业的财务安全和稳定发展。

内部控制制度的建立是实现内部控制责任明确的基础。企业需要根据自身特点和经营环境，设计符合自身实际情况的内部控制制度。内部控制制度包括各个环节的具体规定和程序，确保企业的资金流转、数据处理、风险评估等各项工作符合法规要求和企业内部管理标准。

在建立内部控制制度的基础上，企业需要明确员工的内部控制责任。只有当每个员工都清楚自己在内部控制中的具体职责和义务，才能有效地协调各项工作，避免内部控制漏洞和风险。因此，企业需要通过培训和考核机制，提高员工内部控制的认识和技能水平，及时发现和纠正内部控制责任不明确或不到位的问题，确保员工具备必要的内部控制意识和能力，营造出一个负责任的内部控制管理团队。

企业财务会计管理中，内部控制责任的明确、内部控制制度的建立是非常重要的。只有通过不断完善内部控制制度，确保内部控制责任的明确，企业才能有效地管控各类风险，实现稳定可持续的发展。因此，企业需要重视内部控制制建设工作，将其纳入企业管理的重要议程，以提升企业的管理水平和风险管控能力。

内部控制责任的明确是企业管理的基础，每个员工都应该明确自己在内部控制制度中的责任和义务。只有这样，企业才能有效地监督和管理内部运营，减少潜在的风险和问题。在内部控制责任明确的基础上，企业可以建立起一套合理有效的内部控制制度，从而有效地提高管理效率和风险控制能力。

内部控制责任的明确还需要企业领导层的支持和重视。领导层应该积极倡导树立内部控制责任意识，将其融入企业文化中。通过领导层的倡导和示范，员工才能更好地理解内部控制责任的重要性。

总之，只有每个员工都能清晰地知道自己的责任和义务，企业才能有效地管理风险、提升管理水平。因此，企业需要不断加强内部控制责任的意识教育，建立健全内部控制制度，以保障企业的可持续发展和稳定运营。

二、风险评估与管理

在现代商业环境中，各种风险因素层出不穷，可能涉及经济、政治、自然等多个方面。因此，企业需要建立一套系统的识别机制，通过全面、及时地收集和分析信息，识别潜在的风险因素，为后续的风险评估和管理提供有力支持。

企业内部控制机制的建立是确保风险因素得到有效识别的基础。只有在内部控制机制健全的前提下，企业才能准确地对潜在风险因素进行识别和评估，并及时采取措施进行管控。因此，企业需要建立一套完善的内部控制框架，明确责任分工，规范各项业务流程，有效监督和管理各项经营活动。

风险评估与管理是企业财务会计管理中的重要环节。在识别出潜在的风险因素后，企业需要对其进行全面客观的评估，确定风险的概率和影响程度，为后续的风险管理工作提供依据。在评估的基础上，企业需要科学地制定相应的风险管理策略和措施，采取有效的措施降低风险的发生概率和影响程度，确保企业的财务安全和稳健发展。

企业还需要关注风险的概率和影响程度。通过科学的风险评估，企业可以更准确地把握各种风险事件可能带来的影响范围，及时制定相应的预防和控制措施，降低风险发生的概率和影响程度。同时，企业还需要不断完善风险管理体系，提高管理水平和应对能力，以应对日益复杂多变的市场环境和外部挑战。

在风险管理的过程中，企业需要密切关注市场变化和风险发展趋势，及时调整和优化风险管理措施。通过不断学习和改进，企业可以更好地应对各种挑战和风险，保障企业的持续健康发展。只有不断强化风险管理意识，加强内部合作和沟通，企业才能在竞争激烈的市场中保持竞争优势，实现长期稳定的发展目标。

风险评估方法论，是指在企业财务会计管理中，对潜在风险进行系统分析和评价的方法。企业内部控制机制建设是保障企业财务运作正常的重要内容，而风险评估与管理则是企业在进行财务决策时必不可少的环节。通过科学的风险评估方法论，企业可以辨别和量化潜在风险，从而有效地制定管理和防范措施。

风险评估方法论的核心在于通过系统性的分析，识别潜在风险的影响程度和概率，并根据这些信息确定应对策略。建立对企业内部控制机制，可以规范企业的行为和流程，从而减少风险发生的可能性。而风险评估与管理则可以帮助企业更好地理解风险的本质，在风险发生前就采取相应措施规避风险。

在实际操作中，企业可以借助各种风险评估工具和技术，如SWOT分析、风险矩阵等，对可能影响企业运营的风险因素进行全面评估。通过建立有效的风险评估框架和体系，企业能够及时发现并应对潜在风险，保障企业持续稳健的发展。

风险评估方法论在企业财务会计管理中扮演着至关重要的角色，它不仅有助于企业了解自身所面临的风险，还能够帮助企业建立健全风险管理体系，从而有效降低潜在风险所带来的损失，确保企业的可持续发展。企业应当重视风险评估与管理工作，不断完善风险评估方法论，以应对不断变化的市场环境和风险挑战。

在实际操作中，企业还可以借助市场调研、竞争分析等方法，深入了解外部市场环境对企业的潜在影响，进而进行更加全面的风险评估。企业还可以通过建立风险管理团队，设置专职风险管理人员，强化风险识别和应对能力。除此之外，定期组织风险评估会议、培训和演练，提升全员的风险意识和应对能力，进一步强化企业的风险管理体系。

在处理风险评估的过程中，企业应注重数据的准确性和全面性，重视数据的收集、整理和分析工作，确保决策的科学性和合理性。同时，企业还应当积极借鉴国际先进的风险管理标准和实践经验，不断提升风险评估方法论水平，使之与国际接轨，提高企业在全球竞争中的抗风险能力。

企业在进行风险评估时，需要结合自身的特点和发展阶段，灵活运用各种评估方法和工具，寻找最适合企业的风险评估路径。企业还应当坚持风险管理理念，从源头上预防风险，注重风险管理与企业战略目标的统一，促进企业的长期稳定发展。

风险评估方法论不仅仅是企业管理中的一项重要工具，更是一项与企业生死存亡息息相关的关键任务。企业应当高度重视风险评估工作，将其融入企业的日常经营管理中，不断完善和强化风险管理机制。

企业在进行风险管理过程中，需要借助各种工具来辅助决策。其中，风险管理信息系统是企业在风险管理中广泛采用的工具之一，通过信息系统收集、存储、处理和传递风险相关信息，帮助企业管理层及时掌握风险情况，做出有效的决策。风险管理工具还包括风险评估模型、决策树分析、蒙特卡洛模拟等方法。通过这些工具，企业可以更加全面地评估和管理风险，为企业的健康发展提供有效支持。在实际操作中，企业需要根据自身情况选择合适的风险管理工具，并运用到风险管控过程中，以最大限度地降低风险对企业的影响。风险管理工具的应用不仅需要企业管理层的重视与支持，还需要全员参与，共同推动风险管理工作的顺利进行。

企业还应注重全员参与的风险管理文化建设。通过开展风险管理培训和教育，提升员工对风险管理的认识和意识，使他们能够在日常工作中主动发现和应对潜在风险。同时，建立起一套有效的风险信息沟通机制，确保风险信息能够及时准确地传达给相关部门和人员，提高风险应对的及时性和效率。

风险管理工具的应用还需要与企业的战略规划相衔接。企业应该根据自身的战略定位和发展目标，选择与之匹配的风险管理工具，并将风险管理融入战略决策和执行过程中，实现风险管理与企业发展的有机结合。通过不断优化和升级风险管理工具的应用，企业可以更好地应对不断变化的外部环境和市场挑战，提高企业整体的抗风险能力和竞争力。

风险防范措施是企业在面临各类风险时制定和实施的一系列措施和手段，旨在有效预防和降低风险带来的损失。

企业应加强对潜在风险的识别和评估，做到心中有数，及时发现并有效应对各类风险。企业应建立起完善的风险管理制度，明确各项风险的责任部门和责任人，确保风险管理工作的有效开展。企业还需要加强对外部环境变化的监测和分析，及时调整风险防范策略，保持对风险的敏感度和应变能力。

企业还应注重人员培训和意识提升，通过加强员工的风险意识和风险防范能力，提高企业整体的风险管理水平。同时，企业还可以运用先进的信息技术手段，建立起高效的风险监控系统，实现对各类风险的及时监测和预警，为企业的风险管理工作提供有力支持。

企业应重视风险应急预案的编制和实施，对可能发生的各类风险制定详细的处置方案，并进行定期演练和评估，确保在面临突发风险事件时能够迅速、有效地应对，最大限度地减少损失。

通过以上一系列的风险防范措施的制定和实施，企业可以有效降低各类风险带来的损失，保障企业的可持续发展和稳健经营。在制定和实施风险防范措施的过程中，企业需要不断加强对外部环境的监测和分析，及时调整策略以保持对风险的敏感度和应变能力。企业还应在人员培训和意识提升方面下更大功夫，以提高整体的风险管理水平。

通过加强员工的风险意识和风险防范能力，企业可以有效地减少各类风险对企业的威胁。运用先进的信息技术手段建立高效的风险监控系统也是至关重要的，及时监测和预警各类风险事件，为企业的风险管理提供有力支持。对风险应急预案的编制和实施也不容忽视。制定详细的处置方案，并进行定期演练和评估，可保证企业在面临突发风险事件时能够快速、有效地应对，最大限度地减少损失。

企业财务会计管理与风险管控探究中，风险监控与跟踪是非常重要的环节。企业需要建立有效的风险监控机制，及时识别、评估和管理潜在风险，确保企业财务健康稳定发展。通过对风险监控与跟踪的全面分析，企业可以更好地应对各种风险事件，提高风险管理的水平和效率。风险监控与跟踪不仅仅是一项单纯的工作，更是对企业内部控制机制的贯彻执行和检验，是企业发展战略的有力支撑。企业应当在风险监控与跟踪的过程中做好全程监控、信息透明、风险分析、预警提醒等方面工作，以确保企业财务安全和可持续发展。在不断变化的市场环境下，风险监控与跟踪需要不断创新和完善，以适应企业发展的需要。企业在建立风险监控与跟踪体系的过程中，除了要注重数据的采集和分析，还需要提升员工的意识和素质，加强内部控制机制的建设，以实现企业财务风险的有效管理和控制。企业应当认真对待风险监控与跟踪工作，把风险管理融入日常经营管理中，形成持续稳定的风险管理机制，为企业的可持续发展提供保障。

风险监控与跟踪作为企业内部控制机制的贯彻执行和检验，不仅仅是一项单纯的工作，更是对企业财务安全和可持续发展的有力支撑。在当今竞争激烈的市场环境下，企业需要时刻保持警惕，全程监控风险，确保信息透明和风险分析的准确性。预警提醒的有效机制可以帮助企业在风险出现之前及时应对，避免损失的扩大。

随着市场的不断变化，企业需要定期评估风险监控与跟踪体系的有效性，及时调整措施以适应企业发展的需要。除了数据采集和分析外，对员工的培训也很重要，因为他们是企业风险管理的第一道防线。

企业在建立风险监控与跟踪体系时，应当注重内部控制机制的建立。加强内部审核和审计工作，健全企业治理结构，提升组织内部的监管和自律能力。

只有这样，企业才能实现对财务风险的有效管理和控制。

风险管理需要贯穿于企业的日常经营管理中，形成持续稳定的风险管理机制。企业领导应当高度重视风险管理工作，将其融入企业文化中，让每个员工都认识到风险管理的重要性。

三、财务信息披露与透明度

企业在进行财务信息披露时，需要考虑披露的内容和范围。披露的内容应当涵盖企业财务状况、经营成果、现金流量和所有者权益等方面的信息，以确保投资者和其他利益相关方对公司的财务状况有准确、全面的了解。同时，披露的范围应当涵盖企业的全部财务信息，不能有遗漏。企业应当按照法律法规和会计准则的要求，制定相应的财务信息披露政策和程序，确保披露内容的准确性、一致性和及时性。

在进行财务信息披露时，企业需要充分考虑披露的目的和对象，合理确定披露的内容和方式，以确保披露的信息能够为投资者和其他利益相关方提供有用的参考。同时，企业应当加强财务信息披露的监督和审核工作，确保披露的信息真实、准确和完整，避免出现虚假披露或遗漏披露的情况。企业还应当建立健全内部控制机制，加强对披露内容和范围的管理和监督，确保披露工作有效进行。通过不断完善披露的内容和范围，企业可以提升财务信息披露的透明度和可信度，增强投资者和其他利益相关方对公司的信任和认可。

在进行财务信息披露时，企业需要深入了解投资者和其他利益相关方的需求和期望，对于披露内容和范围进行科学合理的安排。在披露的过程中，企业应当注重信息的及时性和连续性，确保披露信息的更新和完整。企业还应当借鉴国际通行的最佳做法，不断提升披露的水平和质量，提高信息的可读性和易懂性，为投资者和其他利益相关方提供更加全面和有效的信息参考。

为了确保披露内容的真实性和可信度，企业需要建立严格的内部披露管控措施，对披露过程进行全面监督和审核。企业应当培养员工的披露意识，加强内部沟通和合作，形成信息共享和保密机制，避免出现信息泄漏和失实披露的情况。只有通过共同努力，企业才能赢得市场和投资者的支持和认可。

在披露内容和范围的管理中，企业需要及时更新披露政策和程序，配合相关监管要求，确保披露的合规性和符合性。同时，企业还应当密切关注市场和行业的变化，及时调整披露的内容和形式，为投资者和其他利益相关方提供最新、全面和准确的信息。

企业在进行财务信息披露时，需要选择合适的方式和频率来向外界披露其财务状况和经营情况。信息披露的方式包括公告、报告、通信、会议等，频率决定了信息披露的及时性和有效性。企业应该根据自身情况和监管要求，选择合适的信息披露方式，确保信息披露的准确、全面和及时，提高信息披露的透明度和质量。信息披露的频率应该根据企业的经营周期和投资者的需求来确定，既要保证信息披露的连续性和稳定性，又要避免信息过度披露和泛滥，以免干扰市场秩序和投资者判断。企业需要在信息披露的方式和频率上不断完善和调整，以满足不同利益相关方的需求，增强信息披露的可比性和参考性，提高企业的信誉和形象。信息披露的方式与频率决定了企业财务会计管理与风险管控的有效性和成效，对企业的长期发展和稳健经营至关重要。

信息披露不仅是企业与外界沟通的桥梁，也是企业财务管理和风险控制的重要手段。通过透明的信息披露方式和适当的披露频率，企业可以增加投资者对其的信任，提高企业的声誉和形象。

企业应当不断完善和调整信息披露的方式和频率，以满足不同利益相关方的需求，提高信息披露的可比性和参考性。只有通过合理的信息披露方式和适当的披露频率，企业才能有效地进行财务会计管理和风险管控，进而实现长期的发展和稳健的经营。

在当前市场环境下，信息披露的规范性和合规性直接关系到投资者对企业的信任和投资决策。因此，企业需要建立健全信息披露制度，确保信息披露内容真实、准确、及时，并符合相关法律法规的规定。同时，企业还需要定期评估信息披露的合规性，不断优化信息披露的流程和内容，提升信息披露的透明度和质量。

在信息披露的规范性方面，企业需要制定明确的信息披露政策和程序，明确信息披露的责任部门和流程，遵循全面、及时、真实原则，确保披露信息的全面准确。同时，企业还需要加强内部控制机制建设，确保信息披露的准确性和真实性，防范信息披露中可能存在的风险。

在信息披露的合规性方面，企业需要遵守相关法律法规和监管要求，避免出现信息披露不规范或违法违规的情况。企业还需要及时更新信息披露制度，以适应法律法规的变革和市场环境的变化，保证信息披露的合规性和持续性。

企业要想在市场竞争中立于不败之地，就必须建立健全信息披露机制，确保披露信息的真实准确可靠。在信息披露责任部门和流程上，应该明确岗位职责，以确保信息披露工作的高效进行。同时，加强内部控制，排除潜在风险，有助于企业有效保证信息披露的准确性和透明度。信息披露的合规性也不容忽视，企业必须严格遵守法律法规和监管要求，杜绝出现信息披露不规范的现象。及时更新信息披露制度，保持灵活性和适应性，也是企业合规性的重要保障。只有确保信息披露合规性和持续性，企业才能获得投资者的信任，实现可持续发展。因此，在财务会计管理和风险管控中，将信息披露工作放在重要位置，是企业应有的选择和必然趋势。信息披露的规范性与合规性，不仅关乎企业的声誉和利益，更是企业赢得市场信任和认可的关键。

四、化解财务风险

在企业运营过程中，存在着多种不同类型的财务风险。这些风险来自外部市场环境的变化、内部管理不善或者是业务运作。其中，市场风险是企业面临的最为普遍的风险之一，它可以由各种因素引发，如市场价格波动、竞争加剧等。信用风险也是企业常常需要面对的风险之一，当企业与信誉欠佳的客户或合作伙伴发生纠纷时，可能会引发信用风险。流动性风险是企业需要高度关注的财务风险类型之一，当企业资金流动不畅时，可能会导致企业无法按时偿还债务或履行其他财务责任。操作风险是企业需重视的财务风险类型之一，管理不善或者员工渎职可能导致操作风险的发生，给企业带来损失。

除了以上几种风险外，还有与公司运作和投资有关的风险。例如，汇率风险是企业在跨国经营中常常面临的挑战，汇率波动可能会对企业带来不利影响。政治风险是一个不容忽视的财务风险类型，政治因素的改变可能会对企业经营环境和利润能力产生重大影响。法律风险是企业需要考虑的财务风险类型之一，未能遵守相关法律法规可能会导致企业面临罚款、诉讼等后果。企业还需要关注管理风险，包括领导层决策失误、人员管理不当等问题。技术风险是一个不可忽视的风险类型，随着科技的不断更新和发展，企业需要不断适应新技术和应对技术变革带来的挑战。

企业在进行财务管理时，需要全面考虑各种风险，并建立相应的风险管理机制，以规避和化解这些风险。只有通过对不同类型财务风险的认识和应对，企业才能够保持财务稳健，确保经营的可持续发展。

财务风险评估是企业管理中一个非常重要的环节。只有通过对企业财务状况进行全面、准确的评估，才能及时发现潜在的风险因素，有效地进行风险管控。在评估财务风险时，企业不仅要全面了解自身的资产负债、盈利能力、现金流等情况，还要对外部环境进行分析，了解行业发展趋势、政策法规变化对企业的影响等因素。

在面对财务风险时，企业需要建立健全内部控制机制。企业内部控制机制是确保企业财务活动按照法律法规和公司规章制度进行的重要保障。只有建立内部控制机制，企业才能有效地识别、评估和管理财务风险，确保企业财务数据的真实性、准确性和完整性。同时，内部控制机制还能规范企业员工的行为，防范内部欺诈和错误行为，提高企业运作效率，保障企业利益最大化。

企业在进行财务风险评估时，也要注重员工的培训和教育工作。只有员工具备了解财务风险的基础知识和技能，才能更好地配合企业建立的财务风险评估机制，共同保障企业的财务安全和稳健发展。

财务风险评估不仅需要企业内部建立完善的控制机制，还需要借助外部专业机构和专业人士的支持和帮助。外部专业机构具有更为全面和深入的行业知识和信息资源，可以为企业提供更为客观和专业的财务风险评估服务，帮助企业更好地发现和应对潜在的财务风险。

企业需要建立健全的内部控制机制，包括明确的财务管理制度、内部审计制度、职责分工与授权机制等，以规范各项财务管理活动，确保财务数据的真实性和可靠性。同时，企业应加强内部人员的财务管理培训，提高员工对财务风险和风险控制策略的认识和理解，增强财务管理的主动性和预防性。

企业需要建立完善的财务风险管理制度，包括定期进行财务风险评估与预警、建立风险防范机制、制定详细的风险管理方案等，以及建立健全的风险管理团队，提高企业对各类财务风险的感知和识别能力，及时应对潜在风险。

企业还应制定符合企业实际情况的财务风险控制策略，如对资金风险、市场风险、信用风险等进行统一的管理和控制，根据企业的财务状况和风险承受能力制定相应的风险控制策略，确保企业在风险中能够稳步前行并取得长期发展。

在制定财务风险控制策略的过程中，企业需要考虑到外部环境的变化和市场的波动。企业应结合自身的战略定位和业务特点，综合考虑风险管理的实施效果和成本控制。企业还应注重内外部协作，建立起与金融机构、监管部门等相关方的合作机制，共同应对可能发生的财务风险。企业也需要注重人才队伍的建设和培养。只有拥有专业的财务风险管理人员，企业才能有效地应对各类财务风险挑战，确保企业运营的稳健和可持续性。因此，企业应加强对员工的培训和教育，提高员工的风险意识和应对能力。

企业还可以借助先进的科技手段和工具来提升财务风险控制效果。例如，利用大数据分析、人工智能等技术手段，对财务数据进行全面快速的分析和监测，及时发现可能存在的风险点，并采取相应的措施加以控制。通过科技的支持，企业可以更加高效地管理和控制财务风险，为企业的可持续发展提供更加坚实的保障。

总的来说，制定财务风险控制策略是企业在面对复杂多变的市场环境和竞争压力下的重要举措。只有通过建立完善的制度、加强内外部合作、培养专业人才、运用科技手段等综合措施，企业才能有效地化解各类财务风险，确保企业的稳健发展和长期成功。

五、财务审计与监督

财务审计与监督也是企业财务管理中不可或缺的环节。只有建立完善的财务审计制度，才能有效监督企业财务活动的合规性和透明度。企业内部控制机制建立与财务审计制度的建立是相辅相成的，两者共同构建了企业财务管理的安全防线，为企业的可持续发展提供了坚实保障。

企业内部控制机制的建立需要从组织架构、人员配备、财务制度等多个方面入手，确保企业内部各个环节的有效协调与配合。财务审计与监督作为对企业财务活动的外部审查，能够发现和纠正企业管理中存在的问题，加强对企业财务状况的监督与管理。财务审计制度的建立不仅要符合国家法律法规，还要符合企业自身的实际情况，确保审计工作的专业性和公正性。

企业领导和管理者应该关注内部控制机制的执行情况，确保每个环节都得到有效监督和执行。建立定期审计机制也是保障企业财务健康的重要手段。财务审计能够发现和纠正潜在的问题和风险，确保企业财务数据的真实性和准确性。同时，审计工作的独立性和公正性也至关重要，只有确保审计人员的专业性和中立性，审计结果才能被客观地接受和应用到企业的决策和管理中。在全面推进企业数字化转型的今天，内部控制机制建设和财务审计制度的建立更显其重要性。通过信息技术的运用，可以进一步完善内部控制机制，提高审计效率和准确性。企业应紧跟时代发展步伐，不断优化和完善内部控制机制和审计制度，以应对日益复杂多变的市场环境和经济形势。

审计程序与方法的设计和实施直接关系到企业内部控制机制建设的有效性和稳健性，进而影响到财务审计与监督的效果。审计程序与方法的科学性与合理性对于企业的财务风险管控和经营管理都具有至关重要的意义。

在实际操作中，审计程序与方法的设计应当结合企业的实际情况进行，充分考虑到企业的财务结构、业务规模、财务风险等因素，确保财务审计目标的明确和财务数据的真实、准确。审计程序与方法的组织实施也应当符合相关法律法规和审计准则，确保审计人员的独立性和客观性。

审计程序与方法的设计应当围绕企业内部控制机制建设展开，明确审计目标和范围，确定审计程序的具体步骤和方法，对财务会计报表进行全面审核和分析，确保企业财务数据的完整性和真实性。审计程序与方法的实施还要充分考虑到企业的财务风险和潜在问题，及时发现并解决存在的财务问题，为企业的健康发展提供有力支持。

审计程序与方法是企业财务会计管理和风险管控中不可或缺的一环，只有科学合理地设计和实施审计程序与方法，才能有效加强企业的内部控制机制建设，确保财务审计与监督的有效性和可靠性，为企业的可持续发展提供坚实保障。随着经济全球化和市场竞争的加剧，企业需要加强财务会计管理和风险管控，审计程序与方法的重要性将越发凸显，必须引起企业和相关部门的高度重视和关注。

审计程序与方法的科学实施，旨在全面评估企业的经济活动和财务状况，为企业的决策提供可靠的依据和支持。审计程序涉及对企业财务数据的核查和检验，通过确认财务报表的真实性和准确性，保障企业的经营稳健发展。在实施审计程序和方法的过程中，应根据企业的特点和规模制订审计计划，灵活运用各种审计技术和手段，确保审计程序的有效性和高效性。

审计程序与方法的实施需要充分考虑企业的财务风险和潜在问题，及时识别和解决可能存在的财务隐患，有效预防和化解潜在的经济风险。审计人员应当具备丰富的实践经验和专业知识，在审计过程中做到客观公正、严格规范，确保审计结果的准确性和可靠性。通过审计程序与方法的有序实施，可以帮助企业完善内部控制机制，提高企业的经济运行效率和管理水平，为企业的可持续发展奠定坚实基础。

通过分析审计结果，企业财务会计管理存在一定程度的风险和问题，需要及时进行整改和改进。审计发现了在财务报表编制过程中存在的不规范操作和不当处理，导致部分数据不真实、不准确，影响了财务信息的可靠性和透明度。审计还揭示了在内部控制机制建设方面存在的不足，包括业务流程不规范、权限控制不明确、风险识别不到位等问题，导致了财务风险管理的不完善和风险管控的不力。审计结果还显示了在财务审计与监督方面存在的一些漏洞和不足，包括审计程序不完善、审计人员不独立、审计结果不及时反馈等情况，影响了审计工作的效果和效率。

针对以上问题，企业需要立即采取有效的整改措施，加强内部控制机制的建设，提高财务审计与监督的质量，确保企业财务会计管理工作的稳健和可靠。企业应加强财务报表编制过程中的内部控制和监督，确保数据的真实性和准确性。企业需要完善内部控制机制，规范业务流程，明确权限分配，加强风险识别和监控，提高财务风险管理的有效性。企业还需加强财务审计与监督的监督和检查，确保审计工作的独立性和客观性，及时反馈审计结果，促进问题的整改和改进。通过以上整改措施的实施，企业将能够有效提升财务会计管理工作的水平和质量，有效降低财务风险，增强企业的盈利能力和竞争力。

第三节　企业财务风险管控

一、企业财务风险的分类

（一）财务造假

财务造假是指企业对其财务状况进行恶意篡改或伪造，以达到欺骗利益相关方的目的。财务造假包括虚报收入、减少费用、夸大资产价值等手段，以夸大企业业绩或掩盖真实财务状况。财务造假行为一旦被揭露，将对企业的各个方面造成严重影响。

财务造假将破坏投资者对企业的信任。投资者在做决策时会依赖企业公布的财务信息，如果这些信息不真实，投资者将难以准确评估企业的价值和风险，导致投资决策的失误。当投资者发现企业存在财务造假行为时，他们将对企业失去信任，并可能选择撤资或减持股份。

财务造假会损害企业的声誉。企业的声誉是企业在市场中的形象和信誉，是企业吸引员工、客户、合作伙伴和投资者的重要因素。一旦企业被曝出存在财务造假行为，将受到广泛的谴责和批评，对企业品牌和形象造成持久性的负面影响。

财务造假会对企业的管理层和员工产生负面影响。一旦财务造假行为被揭露，企业管理层和相关责任人将受到法律责任的追究，甚至可能面临刑事指控。这不仅会对管理层和员工的个人声誉和职业生涯造成影响，还会影响企业的管理稳定性和内部团队的凝聚力。

财务造假风险对企业的影响是多方面的。企业在进行财务会计管理时，应高度重视风险管控，建立完善的内部控制机制，加强对财务造假风险的监测和防范，提高员工的道德意识和风险意识，确保企业财务信息的真实性和准确性。

（二）信息系统风险

随着信息技术的不断发展，企业日常财务活动和数据处理都离不开各种信息系统的支持。然而，与之相应的是各种信息系统风险可能给企业的财务管理带来不良影响。

数据泄露是企业在信息系统运作中最担心的风险之一。数据泄露可能会导致企业重要财务信息泄露，不仅对企业自身造成巨大的经济损失，还可能损害企业的商誉和客户信任。一旦重要的财务信息被泄露，企业还可能面临着严重的法律责任。因此，企业在财务会计管理过程中必须高度警惕数据泄露风险，采取有效的措施保护财务数据的安全。

企业财务管理中还存在着系统崩溃的风险。一旦信息系统出现故障或崩溃，企业可能无法及时、准确地获取财务数据，进而影响企业的决策和运营。如果是在财务报告期间，系统崩溃可能导致企业无法按时提交财务报表，进而违反相关法规。

在面对信息系统风险时，企业需要谨慎评估和管控风险，以降低财务会计管理过程中可能出现的风险。企业可以通过建立健全信息系统安全管理制度，加强对敏感数据的访问控制，定期进行系统安全检查和漏洞修补，以及加强员工的信息安全意识培训等措施来降低信息系统风险。

企业在进行财务管理时需要充分认识到信息系统风险的存在并加以重视，建立完善的风险管理机制，有效应对各种风险。只有在有效管控风险的基础上，企业才能保障财务信息的安全性和可靠性，确保财务会计管理工作的正常运作和健康发展；同时，要提高企业对外部环境变化的适应能力，更好地应对市场竞争和经济波动。

企业在面对信息系统风险时，需要保持高度警惕性和敏感度，及时发现并解决潜在的安全隐患。在构建信息系统安全管理制度的过程中，企业还应加强对员工的信息安全教育，提升员工的安全意识和防范能力。建立有效的数据备份和恢复机制也是降低信息系统风险的重要手段，以确保在系统出现故障或遭受攻击时能够及时恢复运行，避免造成重大损失。

企业还应定期对信息系统进行安全审计和渗透测试，发现系统弱点并及时加以修复。企业也需要与专业安全机构保持密切联系，以获取最新的安全威胁信息和防范措施，及时调整和优化信息系统安全防护措施。企业还可以考虑引入先进的安全技术和工具，如人工智能、大数据分析等，提高信息系统的安全性和防护水平，以有效应对不断变化的安全威胁和风险。

信息系统风险管理是财务会计管理中不可或缺的一环。只有通过不懈努力和科学管理，企业才能够有效降低信息系统风险，保障财务数据的安全和可靠性。企业应该把信息系统风险管理纳入企业整体风险管理体系中，形成有机衔接和互相支撑的风险管理网络，以确保企业财务管理工作的稳健发展和长期可持续性。面对不断涌现的新型安全威胁和挑战，企业更应保持谨慎和警惕，不断加强信息系统安全保护，确保企业财务数据的隐私和完整性，为企业健康发展提供有力支撑。

（三）法律合规风险

企业在财务管理中可能涉及的法律合规风险是一项重要的事项，因为违反法律规定会给企业带来严重的后果。其中，逃税是一种常见的法律合规风险。企业为了减少税收负担可能会采取各种方法，如虚报支出、少报收入，甚至伪造发票等。这些行为不仅会给企业带来财务损失，还会影响企业的声誉和信誉。

财务造假也是一种严重的法律合规风险。企业为了追求利润和业绩，可能会出现虚假报告财务信息的情况，如虚构收入、夸大资产价值等。这样的行为不仅会误导投资者和股东，也会导致公司财务数据的失真，严重影响企业的经营稳定性和可持续发展。

法律合规风险还包括违反相关会计准则和法规的行为。例如，企业未按规定披露财务信息、未及时进行会计核算等都属于违规行为。这些行为不仅违反了法律法规，也严重损害了企业的诚信度和经营环境。

对于企业来说，要有效管控法律合规风险，企业需要完善财务数据的采集、处理和报告体系，确保数据的真实性和准确性。同时，建立健全风险防范机制，及时探测和应对潜在的法律风险，防止法律问题的蔓延。加强内部审计和财务审计，及时发现并解决问题，为企业的合法合规经营提供保障。

企业需要严格遵守相关法律法规，不仅要了解法律法规内容，还要理解其背后的原则和立法宗旨。只有如此，企业才能有效规避潜在的法律风险，保护自身利益不受损失。同时，加强员工的法律教育和培训，提升员工的法律意识和合规意识，让他们在日常工作中遵循法律规定，避免违法违规行为的发生。

企业要审慎选择合作伙伴，避免与有问题的企业合作，以免被牵连受损。企业还需定期对内部控制体系进行评估和调整，及时跟进法律法规的变化，保持合规经营的状态。只有这样，企业才能有效降低法律合规风险，提高企业的经营效率和竞争力，确保企业的可持续发展。

二、企业财务风险的影响

（一）企业经营方面

企业财务风险对经营决策产生直接影响。企业管理层在做投资、融资、分红等重要经营决策时，需要考虑财务风险的影响，避免风险导致的财务损失。例如，企业在资金链出现问题时，需要采取紧急措施，如降低资金周转速度、减少投资等，从而影响企业的发展规划与节奏。若企业的财务风险得不到有效管控，可能导致资金链断裂，进一步影响企业的正常运营。资金链断裂是指企业经营活动所需资金无法及时获得，企业无法按时履行对外支付义务。这将导致企业信用受损，影响企业与供应商、客户之间的合作关系，甚至引发企业的债务违约等问题，严重威胁企业的生存与发展。

企业财务风险还可能影响企业的盈利能力和财务稳健性。财务风险高的企业会面临着较高的财务成本，如贷款利率偏高、融资难度加大等，这将直接降低企业的盈利水平。一旦企业面临严重财务风险，可能会导致企业无法按时偿还债务，进而增加企业的财务风险，形成恶性循环，影响企业的财务稳健性。

企业在面临财务风险时，需要及时做出相应的应对措施，以保障企业的正常经营和发展。企业可以通过规范管理财务流程，加强内部控制，提高财务信息披露的透明度，以及加强对内部财务风险的监控和预警，从而降低财务风险的发生概率。企业还可以通过多元化的资金筹集渠道，减少对外部融资的依赖，降低利息支出和资金成本，以应对可能出现的融资难题。企业还可以积极寻求与金融机构合作，优化资金结构，降低财务压力，提高企业的融资能力。企业可以通过控制成本、提高效率，加大市场开拓力度，增加企业的盈利渠道，提高企业的盈利水平，从而增强企业应对财务风险的能力。企业要在日常经营活动中加强对财务风险的管理，及时发现问题，积极应对，确保企业的稳健发展。

（二）企业形象方面

企业财务风险将会对企业形象产生负面影响。首先，财务风险会影响投资者的信任。投资者通常会参考企业的财务状况来决定是否继续投资或增加投资，一旦企业的财务状况出现问题，投资者就可能会对企业失去信心，进而导致股价下跌、投资者大量撤资等后果。这将影响企业在金融市场的声誉和影响力，也会限制企业未来的融资渠道和融资条件。

其次，财务风险对企业在市场中的口碑造成严重损害。一旦企业的财务问题被曝光，将会受到公众和媒体的质疑和指责，进而影响消费者对企业产品和服务的信任和购买意愿。企业的形象和声誉在市场上建立需要长时间的努力，一旦出现财务问题，可能会在短时间内被破坏，甚至有可能导致企业市场份额的下降、客户流失等后果。

最后，财务风险还会对企业员工、合作伙伴和供应商造成一定程度的影响。企业财务问题可能会导致员工不稳定，合作伙伴失去信心，供应商收款困难，进而影响企业的整体运营和发展。员工会因为担心企业未来的稳定性而选择离职，合作伙伴和供应商会因为担心企业的还款能力而收紧合作条件等，这将加剧企业的经营困难和风险。

财务风险对企业形象的影响是多方面的，包括投资者信任、市场口碑、员工稳定性、合作伙伴关系等方面。企业在管理财务风险的过程中，需要全面考虑这些影响，并尽力避免风险的发生，以保护企业的声誉和发展。企业在处理财务风险时，不仅要注重风险的识别和管控，还要及时沟通和交流，建立透明的财务管理机制，从而减少潜在的负面影响。

财务风险的存在给企业带来了严峻的挑战，其影响不仅局限于企业形象，还会波及各个方面的运营。在财务风险不可避免地影响企业的经营状况时，企业需要具备应对风险的能力和智慧。有效的财务管理不仅仅是关乎企业运营状况，更是关乎企业的生存和发展。应对财务风险需要企业从多方面入手，建立完善的财务管理制度和风险防范机制。企业需加强对市场风险、信用风险、流动性风险等各类风险的监测和管理，以确保企业在竞争激烈的市场中立于不败之地。

同时，企业还需注重内部管理的规范和完善，加强内部控制和监督，防止财务风险由内部漏洞引发。建立健全的内部审计机制和财务管理流程，加强对各项财务活动的监督和管理，及时发现和纠正问题，降低风险隐患。企业还需加强与外部合作伙伴的沟通与协调，建立稳固的合作关系，共同应对市场风险和外部环境变化带来的挑战。只有通过全面、系统的风险管理措施，企业才能有效降低风险带来的负面影响，保障企业的可持续发展和稳健经营。

财务风险的管控是企业经营管理中的重要课题，企业应该树立风险意识，加强风险管理能力的培养和提升，积极应对各类风险挑战，以确保企业的长期发展和稳定经营。

三、企业财务风险的防范策略

在全球化经济的大背景下，财务风险的挑战更加复杂和多样化，企业需要不断学习和适应市场变化，不断优化管理模式和经营策略，全力确保企业在激烈竞争中立于不败之地。只有通过不懈努力和科学管理，企业才能实现可持续、稳健的发展，赢得市场和社会的认可和尊重。

在面对财务风险时，企业需要制定有效的风险防范策略，以最大限度减少可能带来的损失。一种常见的策略是建立健全内部控制制度。通过规范、监督和管理企业内部的各项财务活动，内部控制制度可以有效地减少财务风险的发生。例如，企业可以设立财务风险管理委员会，负责制定和监督财务风险管理政策，同时对各项风险管理措施进行评估和跟踪。

加强审计监管也是企业财务风险管控的重要手段。企业可以委托专业的审计机构对企业的财务状况进行定期审计，从而发现潜在的风险因素并根据改进意见整改。审计监管可以有效地提高企业的透明度和规范性，帮助企业及时发现并纠正潜在的财务风险问题，保障企业的财务安全。

企业还可以采取多元化的投资策略来分散风险。通过在不同行业、不同地区或不同资产类别进行投资，企业可以降低特定风险事件对财务状况的冲击。多元化投资不仅可以降低风险，还可以提高企业的盈利能力和发展潜力，为企业未来的发展奠定坚实的基础。

除了以上策略，企业还可以积极加强对外部环境变化的监测和预警机制，及时发现可能对企业财务状况产生不利影响的因素。企业可以建立专门的风险管理团队，负责监测市场动态、行业政策和竞争对手的举措，及时做出相应的调整和应对策略，保障企业的财务稳健和持续发展。

在企业财务风险管控过程中，企业需要全面评估和分析可能面临的各种风险因素，建立科学合理的风险管理体系，及时制定和实施相应的风险应对措施，从而有效地保护企业的财务安全。只有不断加强风险意识，提高风险管理水平，企业才能在激烈的市场竞争中立于不败之地，实现长期可持续发展。

风险防范是企业管理中至关重要的环节，只有通过有效的风险管理措施，企业才能在竞争激烈的市场中立于不败之地。除了增强风险意识和提高风险管理水平外，企业还应注重建立健全的内部控制体系，规范企业经营行为，防范内部操作风险。同时，企业应加强对供应商、客户和合作伙伴的信用评估，确保与其合作的安全性和稳定性，避免因外部关系而带来的潜在风险。

企业应不断优化资金结构，提高财务杠杆比率，有效降低财务风险，并合理利用金融工具进行风险对冲，以应对市场波动。在战略规划中，企业应该识别并理解各种风险类型，优先制定应对措施，提前做好应急准备，以应对突发事件对企业经营活动带来的影响。同时，企业需要定期开展风险评估和监测工作，及时了解和掌握市场动态和行业变化，为企业未来的发展做好充分准备。

总而言之，风险管理是企业管理的核心内容，只有通过综合多方面的风险防范策略，企业才能在风险控制的基础上不断提高盈利能力和发展潜力，确保企业的长期健康发展。在不断变化的市场环境中，企业需要不断优化风险管理体系，提高管理水平，才能在激烈的竞争中立于不败之地，实现可持续发展的目标。

风险是企业经营过程中的必然存在的因素，而有效的风险管理对企业的发展至关重要。在财务会计管理中，企业可以采取各种策略来管理和控制风险，确保企业的财务稳健和可持续发展。

企业可以通过风险评估来识别和评估可能面临的各种风险。风险评估是企业管理中的关键环节，通过对风险的全面评估和分析，企业可以更好地了解风险来源及影响程度，有针对性地制定相应的风险管理策略。在风险评估的基础上，企业可以采取预防性措施，降低风险发生的可能性，同时也可以制定适当的对策应对潜在的风险事件。

企业可以考虑采取风险转移的方式来管理风险。风险转移是指通过保险等方式将部分风险转移给保险公司或其他机构，从而减轻企业自身承担的风险压力。通过购买适当的保险产品，企业可以在风险事件发生时获得经济上的支持，降低损失。企业还可以考虑通过合同约束等方式将部分风险转移给合作伙伴或供应商，分担风险责任。

风险控制是企业财务管理中至关重要的一环。在面对各种风险时，企业需要采取有效的措施来减轻潜在的损失。

企业可以采取的风险控制策略如下：

企业可以通过实时监控来及时发现潜在的风险。通过建立有效的监控系统和流程，企业可以更好地监测并识别风险，并及时采取措施。监控可以帮助企业更好地应对财务问题，确保财务数据的准确性和及时性。

企业可以建立健全灾备预案。在面对突发事件或灾难时，灾备预案可以帮助企业迅速恢复业务，并尽量减少损失。通过制定灾备预案，企业可以事先规划好应对措施，确保在面临风险时能够迅速采取措施，减轻损失。

企业还可以加强内部控制。建立健全的内部控制系统可以帮助企业有效监管业务活动，减少欺诈和错误的发生。通过加强内部控制，企业可以提高财务数据的准确性和可靠性，确保财务信息的真实性，有效降低企业面临的财务风险。

企业财务风险管控是企业财务管理中不可或缺的一部分。通过采取实时监控、灾备预案、风险分散和加强内部控制等风险控制策略，企业可以更好地管理和应对各种财务风险，确保企业财务安全和稳健发展。在面对风险时，企业需要谨慎应对，灵活处理，以保障企业利益和财务稳健。

在制定风险控制策略时，企业还应考虑到外部环境的变化因素。及时了解市场动向和竞争对手的举措，可以为企业避免潜在风险提供重要参考。建立紧密的合作关系和稳固的供应链体系也是降低风险的有效方式。

企业还应注重人员培训。只有拥有高素质的员工团队，企业才能更好地应对各种风险挑战，保障财务安全。定期评估和调整风险管理策略也尤为重要。随着市场环境的不断变化，企业需要不断优化风险管理措施，以应对新的挑战和机遇。

建立健全的监督机制和反馈机制也是风险控制的重要环节。只有及时发现问题并采取有效措施予以解决，企业才能更好地保护财务安全。企业还需保持灵活性和应变能力，随时调整战略和措施，以确保财务风险得到有效管控。

企业财务风险管控是一项持续而复杂的工作，需要企业全体员工的共同努力和合作。只有通过综合应对各种风险挑战，企业才能稳健发展，保障财务安全，实现可持续发展的目标。在未来的道路上，企业需要不断探索创新，以更好地适应快速变化的市场环境，实现经济效益和社会效益的双重提升。

在面临突发事件和危机时，企业需要及时响应并展开危机公关。建立起应急预案，并建立紧急协调机制，做好舆情应对工作，有效控制和化解危机，保护公司声誉和利益。

企业可以通过保险等风险转移方式降低潜在风险带来的损失。购买合适的商业保险，转移一部分财务风险，为企业提供一定的保障，规避财务风险对企业经营的不利影响。

企业在财务风险管控中还可以通过加强资金管理、优化资产配置等方式来降低潜在风险。保持合理的资金流动性，避免因资金短缺而引发的财务风险，同时优化资产结构，减少投资风险，提高资产负债比率，提升企业的财务稳健性。

企业在财务风险管理中需要综合运用多种手段和策略，及时应对各种风险，保障公司的财务安全和稳健经营。企业还需不断完善风险管理机制，提高应对危机和突发事件的能力，确保企业持续健康发展。财务会计管理和风险管控之间紧密相连，相互促进，共同为企业的长远发展保驾护航。

企业需要不断寻求创新的风险管理策略，以适应市场变化和风险形势的不断发展。除了购买商业保险和加强资金管理外，企业还可以通过多元化投资、建立有效的内部控制机制以及加强对外部环境的监测和分析来降低风险。在面对市场波动和竞争增加的情况下，企业还需要加强与金融机构的沟通和合作，以便及时获取融资支持和财务信息，保障企业的资金安全和良性运转。

企业还可以加强与供应商和客户的合作和沟通，建立稳固的合作关系，共同应对市场风险和供应链风险，保障企业的正常生产经营。同时，企业还需重视员工的培训和激励，提高员工的工作积极性和责任感，确保企业在面对风险时能够迅速有效应对，保持经营的稳定性和可持续性。

风险监测是企业财务会计管理中至关重要的一环，通过对风险的监控和评估，可以及时发现和识别潜在的风险因素，有效降低企业面临的财务风险。在实施风险监测策略时，企业需要根据实际情况和行业特点制定相应的监测方法、工具和流程。

企业应当建立健全财务风险监测体系，包括明确的监测目标和指标，建立有效的风险识别机制，设立专门的监测团队和责任人，确保风险监测工作的及时性和有效性。企业可以借助各种监测工具和技术手段，如财务数据分析软件、风险评估模型、监控指标体系等，对财务风险进行多维度、全方位的监测和评估，确保对各类风险的全面掌握和分析。

企业应建立完善的风险监测流程，明确各项监测工作的具体操作步骤和责任分工，确保监测工作的有序进行和有效落实。在监测过程中，企业应保持信息的及时更新和沟通，加强内部部门间的配合和协调，及时汇总和反馈监测结果，并提出相应的应对措施和建议，以保障企业财务风险管理工作的顺利实施和有效运行。

为了提升企业的风险监测能力，管理层应不断加强员工的培训和意识提升，确保他们了解并熟悉各类风险监测工具和流程。企业应建立健全风险管理制度和流程，以及定期评估和优化机制，及时调整监测策略和方法。

在监测的过程中，企业还需要注重信息的反馈和应对措施的执行，及时沟通监测结果并提出有效建议。只有不断改进和完善监测机制，企业才能更好地管理和控制财务风险，确保企业的可持续运营。

通过有效的风险监测策略的实施，企业能够更好地应对各类财务风险，保护企业的财务健康和长期发展。

在不确定性和多变性的市场环境下，企业财务风险管理不仅仅是一项经济活动，更是一项战略行为。只有充分认识和了解各种风险的特点和形式，灵活运用各种手段和策略，才能有效降低风险带来的负面影响，保障企业的发展和利益最大化。财务风险管理是企业持续经营和成长的基石，是企业管理者不容忽视的重要任务，只有做好财务风险管理工作，企业才能在激烈的竞争中立于不败之地，实现长期稳健发展。

四、企业财务风险的管理模式

（一）传统企业财务风险管理模式

传统的企业财务风险管理模式主要包括风险评估、风险控制和风险管理工具。在传统的企业财务风险管理中，企业会首先对各种风险进行评估，包括市场风险、信用风险、流动性风险等，其次通过制定相应的控制策略和使用风险管理工具来减少或避免这些风险对企业财务的影响。

在风险评估阶段，企业通常会利用各种财务指标和模型来识别和量化风险，如通过财务分析、市场研究、风险测度模型等方法来评估企业所面临的风险水平。在风险控制阶段，企业会制定相应的策略和规则，如通过设置风险限额、建立风险管理体系、购买保险等方式来控制风险的扩散和影响。企业还会利用各种风险管理工具如衍生品、风险对冲工具等来应对可能出现的风险，以降低企业财务损失的风险。

传统风险管理模式固然有其优势，但也不可避免地存在一些弊端。在现代经济环境下，风险的形式多种多样，涉及的因素复杂而多变，仅仅依靠历史数据和经验进行风险识别显然已经不够。因此，企业需要引入更加先进的技术手段，来弥补传统模式的不足。

一种可行的方法是通过建立高效的数据分析系统，实现对风险的实时监测和预警。通过大数据分析和人工智能技术，企业可以更准确地识别出潜在的风险因素，并及时采取相应的风险控制措施，降低损失的可能性。同时，与金融机构和专业团队的合作也是非常重要的，可以借助他们的专业知识和经验，共同研究制定更加有效的风险管理策略。企业还可以结合金融工具和金融产品进行风险管理。例如，企业可以通过购买保险来转移部分风险，降低自身的损失；也可以利用金融衍生品来对冲特定风险，实现风险的有效管理和控制。企业在风险管理中引入金融工具不仅可以提高效率，还可以在一定程度上降低企业面临的风险。

总的来说，传统的企业财务风险管理模式在现代经济环境下已显得有些力不从心，需要不断创新和完善。结合现代技术和金融工具，可以提升风险管理的效率和准确性，更好地保护企业的财务安全。

（二）现代企业财务风险管理模式

随着全球化和数字化的发展，企业面临的财务风险日益复杂多变，传统的企业财务风险管理模式已经不能满足当今企业的需求。因此，现代企业纷纷采用新的财务风险管理模式来提高企业的抗风险能力和竞争力。

现代企业财务风险管理模式具有以下几个特点：一是基于科技的创新。随着大数据、人工智能等技术的不断发展，企业可以通过数据分析和预测技术来识别和评估风险，从而及时采取应对措施。二是数据驱动的风险管理方法。企业可以通过收集、整理和分析大量的数据，实现风险的识别、评估和监控，从而有效降低风险带来的损失。三是全面风险管理。现代企业财务风险管理不再局限于财务风险，还包括市场风险、信用风险、操作风险等各种风险类型，以实现全面风险管理。

现代企业财务风险管理模式的优势是显而易见的，它是适应当今社会发展趋势和企业要求的必然选择。企业应积极借鉴现代企业财务风险管理的理念和方法，不断优化和改进自身的财务风险管理体系，提高企业的风险管理水平和能力，为企业的健康发展提供有力保障。

现代企业财务风险管理不仅是一种管理工具，更是企业经营发展的重要保障。在当今竞争激烈的市场环境中，企业面临着来自各方面的挑战和风险。只有通过有效的风险管理，企业才能在不确定性中稳定前行。现代企业财务风险管理的核心在于识别、评估和控制各种风险，确保企业业务的稳健运行。

在这个流动性强、信息碎片化的时代，企业需要不断更新自身的管理理念，不断创新管理方法，以适应市场的变化和风险的挑战。通过建立健全财务风险管理体系，企业可以提前预见潜在的风险因素，采取相应的措施进行防范和规避，从而有效降低企业所面临的风险程度。

除了帮助企业降低风险和提高竞争力外，现代企业财务风险管理还意味着企业要承担社会责任和提高自己的社会公信力。通过加强财务透明度和提高治理效率，企业可以赢得投资者和社会公众的信任和认可，从而实现可持续经营的目标。只有不断完善和优化财务风险管理体系，企业才能在市场竞争中立于不败之地，实现长期稳健的发展。

现代风险管理对企业的意义和影响不可忽视。一方面，现代企业财务风险管理可以帮助企业降低风险，提高风险承受能力，保障企业的稳健经营；另一方面，通过有效的风险管理，企业可以提升自身的竞争力，吸引更多的投资者和合作伙伴，为企业的可持续发展奠定基础。现代企业财务风险管理还可以提高企业的透明度和治理效率，增强企业的社会责任感，为企业的可持续发展经营做出贡献。

总的来说，现代企业财务风险管理是企业管理中不可或缺的一部分，它不仅仅是降低风险和提高竞争力的手段，更是企业实现长期稳健发展的基石。企业应当深刻认识到财务风险管理的重要性，积极引入先进的管理理念和方法，不断提升自身的风险管理水平。

（三）综合风险管理模式

在企业运作中，风险管理是至关重要的一环。只有通过有效的风险管理，企业才能在不确定的环境中保持稳健的发展。对于企业的财务风险管理来说，不仅需要关注市场风险、信用风险、操作风险等传统风险，还需要关注全球化和信息化带来的新型风险。企业财务风险管理需要以市场情况、法律法规、公司治理等因素为基础，建立起完整的风险管理框架。

不同企业在进行财务风险管理时，可能会采取不同的风险管理模式。常见的风险管理模式包括传统的风险分散模式、风险对冲模式、保险模式等。在实际运作中，企业需要根据自身的特点和市场环境选择合适的风险管理模式，并结合内部控制、风险评估、风险规避等措施，全面提升企业的风险管理水平。

综合风险管理模式意味着企业在进行财务风险管理时，需要考虑到各种风险因素的相互影响和综合效应，从而做出全面的风险管理决策。综合风险管理不仅仅是简单地对各项风险进行管理，更需要全面考量整个风险管理体系的连贯性和有效性。

企业应该注重风险管理的整体性和系统性，不仅要关注单一风险的管理，还需考虑各种风险之间的相互作用。在综合风险管理模式下，企业应当建立起一套完整的风险管理体系，包括设定明确的风险管理目标、建立有效的风险管理流程、确保风险管理措施的及时性和有效性等。企业应积极加强内部控制和监督机制，确保风险管理的全面性和持续性。

综合风险管理的核心在于综合考虑内外部多种风险因素，通过科学的方法和手段对这些风险进行综合评估和控制，以建立一个稳健的风险管理架构。在这个架构中，企业要注意风险的辨识、风险的评估、风险的控制、风险的应对等环节，确保每个环节都能够有机地衔接在一起，形成一个闭环的风险管理体系。只有这样，企业才能够更好地保护自身利益，应对市场波动和竞争挑战，实现良性的发展。

综合风险管理还需要企业建立起一支专业化的风险管理团队，该团队拥有丰富的经验和扎实的专业知识，能够及时准确地识别和评估风险，并制定有效的风险管理措施。同时，企业还应积极借鉴其他企业的成功经验，不断完善自身的风险管理模式和方法，以适应市场环境的变化和挑战。通过不断提升风险管理水平，企业才能在竞争激烈的市场中立于不败之地，稳步发展。

第四节　其他风险管控

金融风险管理是指企业为应对金融市场变动、资产负债管理等方面可能带来的影响，采取各种手段对金融风险进行管理和控制的过程。金融风险管理的核心在于对各种金融风险进行认识和评估，包括市场风险、信用风险、流动性风险等，同时制定相应的风险管理策略和措施，确保企业在金融市场中的安全和稳定。

在企业财务会计与风险管控中，金融风险管理扮演着重要角色。企业应根据自身的特点和经营环境，建立健全金融风险管理体系，通过有效的风险评估和控制措施，降低金融风险对企业经营活动的不利影响，实现企业财务稳健增长和长期可持续发展的目标。企业财务会计与金融风险管理密不可分，共同构成了企业经营管理的重要组成部分，为企业在激烈的市场竞争中保持竞争优势提供了重要保障。

在金融市场中，金融风险是企业必须认真对待并慎重解决的问题。市场风险、信用风险和流动性风险等可能随时威胁企业的财务安全。因此，有必要建立有效的风险管理策略和措施。企业需要密切监控市场变动，包括股市、汇市和商品市场的波动，以便及时采取应对措施。资产负债管理是企业金融风险管理的一个重要方面，企业需要保持资产和负债的均衡，确保资金流动性。只有对金融风险进行认真评估，确立明确的管理措施，企业才能做到在金融市场中稳健发展。

企业应该建立起完善的金融风险管理体系，不断完善和调整相关的管理制度和规范。通过充分对各种金融风险进行认知和评估，企业可以更有效地制定风险管理策略，确保企业财务活动的安全和稳定。同时，企业需要加强内部控制和监督机制的建设，提高对金融风险的感知和应对能力。企业需要不断加强内部人员的培训和技能提升，提高财务人员对金融市场风险的认识和应对能力，以更好地应对市场变动带来的挑战，确保企业在金融市场中稳健发展。

经营风险管理是指企业为规避潜在风险而采取的各种措施和方法。通过分析和评估企业所面临的各种经营风险，制定相应的风险管理策略和措施，企业可以减少和控制风险的发生和对企业经营造成的不利影响，以确保经营目标顺利实现。企业要做好经营风险管理工作，必须充分了解企业的财务状况，及时发现和应对潜在的风险因素，采取有效的措施加以规避和控制，以确保企业的长期稳健发展。

企业财务会计不仅仅是对财务数据的记录和报告，更是企业管理者全面了解企业状况、科学决策的重要依据，经营风险管理则是在稳定企业经营的前提下，保护企业利益、降低经营风险的关键环节。企业在进行财务会计工作时，必须将经营风险管理纳入考虑范围，全面把握企业经营风险，以应对来自内外部环境的各种挑战。

市场风险管理是指企业在面对市场不确定性因素、市场波动和市场风险时所采取的管理措施。市场风险管理旨在降低市场波动对企业的不利影响，保障企业的长期稳健发展。通过市场风险管理，企业可以有效地识别、评估并控制市场风险，及时应对市场变化，保持企业的竞争优势和盈利能力，确保企业的财务持续稳健运转。企业财务会计和市场风险管理密不可分，企业财务会计为市场风险管理提供了重要的数据支持和决策依据，为企业市场风险管理的有效实施提供了可靠的保障。

通过市场风险管理，企业可以及时发现市场波动，采取有效的措施以确保企业的财务状况稳健。市场风险管理可以帮助企业建立更加完善的风险管理机制，提高企业的抗风险能力和应对能力。在市场风险管理的指导下，企业可以更好地把握市场变化的脉搏，灵活调整策略，降低风险对企业经营的影响。

市场风险管理还可以促进企业内部各部门之间的信息共享和协作，提高企业整体的风险防范能力。通过建立有效的风险管理体系，企业可以更好地预防和化解各类风险，提升企业的经营效率和盈利能力。在市场风险管理的指导下，企业可以更好地规避潜在的市场风险，保障企业的财务稳健运转。

市场风险管理对于企业的财务稳健运转具有至关重要的作用。通过科学有效的市场风险管理，企业可以更好地应对市场的挑战，确保企业在竞争激烈的市场环境中立于不败之地。只有不断完善市场风险管理机制，加强企业内部风险防范和控制，企业才能实现稳健发展，保持持续盈利能力，确保企业的财务持续稳健运转。

法律风险管理是指企业在财务会计管理过程中，对符合法律法规和政策要求、保护企业合法利益、预防和应对法律风险的一系列措施。

在财务会计管理过程中，法律风险管理是企业不可忽视的重要环节。企业需要在财务活动中严格遵守相关法律法规和政策要求，以确保财务活动的合法性和规范性。同时，企业还需通过有效的措施来应对可能发生的法律风险，保护企业的合法利益。

在实践中，企业可能会面临各种法律风险，如税务风险、合同风险、知识产权风险等。针对这些风险，企业应当建立完善的法律风险管理体系，明确责任部门和操作流程，加强内部控制和监督，及时发现和解决潜在风险。

企业还需注重法律风险的预防工作，通过加强对法律法规的学习和了解，提高员工的法律意识和风险防范意识，规范各项财务活动的操作，减少法律风险的发生概率。

有效的法律风险管理不仅可以降低企业面临的法律风险，还可以提高企业的可持续发展能力。只有通过合理的法律风险管理，企业才能在财务会计管理中保持合法性和规范性，为企业的发展保驾护航。因此，企业应当高度重视法律风险管理工作，不断完善相关制度和措施，确保企业在竞争激烈的市场环境中立于不败之地。

员工风险管理作为企业财务会计管理与风险管控的重要组成部分，具有至关重要的意义。员工是企业的重要资产，而员工的变动、内部矛盾等问题可能对企业的财务状况和业务流程造成不利影响。因此，企业需要对员工风险进行有效管理和控制，以确保企业的长期稳定和持续发展。

员工风险管理在企业运营中扮演着至关重要的角色。有效管理和控制员工风险，对企业的长期稳定和发展具有重要意义。企业应该建立完善的员工风险管理机制，从招聘、培训、管理到离职等各个环节，对员工风险进行有效识别、评估及应对，从而实现全面管理和控制。

在招聘方面，企业应该严格筛选应聘者，确保招聘到符合岗位要求且具有良好职业素养的员工。在培训方面，企业应该为员工提供全面的培训和发展机会，提升他们的专业能力和综合素质，减少员工在工作中出现失误和犯错的可能性。在管理方面，企业应建立健全绩效考核机制，激励员工积极工作，同时及时发现并解决员工之间的矛盾和纠纷，保持工作团队的稳定和和谐。在离职方面，企业应妥善处理员工离职事宜，保护企业的商业机密和员工的个人信息，避免员工离职对企业带来的不利影响。

通过建立合理有效的员工风险管理机制，企业可以更好地识别、评估和应对员工风险，提高企业的整体风险管控能力，确保企业长期稳定和持续发展。只有重视员工风险管理，企业才能更好地维护自身利益，实现可持续经营发展的目标。

第三章　企业财务会计管理与风险管控的关系

在企业财务会计管理中，风险是一个不可避免的因素。风险可能来自外部环境的变化，也可能来自内部经营活动的不确定性。无论是市场风险、信用风险、操作风险还是法律风险，都可能对企业的财务会计管理产生负面影响。

市场风险：市场的不确定性和波动性可能导致企业的收入和利润出现波动，从而影响其财务状况和经营效益。企业需要对市场风险进行有效的监测和管理，以保障企业的财务稳健发展。

信用风险：企业的客户或合作伙伴出现信用问题或违约行为，可能导致企业无法获取应收款项，进而对企业财务状况造成负面影响。因此，企业需要建立完善的信用管理制度，减少信用风险带来的损失。

操作风险：操作风险包括人为失误、系统故障、不当操作等因素，可能导致企业的财务数据出现错误或损坏，进而影响企业的财务会计管理和决策。企业需要加强对操作风险的管理和监控，提高内部控制的有效性，避免因操作风险而产生的负面影响。

法律风险：法律法规的不合规行为可能导致企业面临诉讼风险和罚款风险，对企业的财务稳健和声誉造成严重损害。企业需要加强对法律法规的合规性监测和风险防范，建立规范的企业治理机制，遵守相关法律法规，减少法律风险的发生。

风险对企业财务会计管理的影响是多方面的，企业需要全面了解各种风险因素的影响和风险管理措施，建立健全的风险管理体系，降低财务风险的发生概率，确保企业的财务健康和可持续发展。只有通过科学有效的风险管控，企业才能更好地应对外部环境的变化，实现长期发展目标。

对于企业而言，确保财务会计管理的稳健和高效至关重要。在面对各种风险的挑战时，企业需要不断优化内部控制机制，加强对潜在风险的监测和防范。企业需要制定全面的风险管理政策，确保在各种情况下都能够迅速作出正确的决策。

在面临市场波动时，企业需要灵活应对，及时调整经营策略，保持市场竞争力和盈利能力。在处理信用风险时，企业需要建立完善的客户信用评估系统，避免因客户违约而导致资金链断裂。而面对战略风险，企业需要不断创新、提升自身核心竞争力，确保在激烈的市场竞争中立于不败之地。

企业还需要注重与外部环境的良好沟通与合作，及时获取市场信息、监测竞争对手动态，以便更好地应对外部环境的变化。同时，企业还应加强内部人员的培训和教育，提高员工意识，确保全员参与风险管理工作。

风险管理可以帮助企业准确评估和把控风险，及时采取防范措施。通过对财务风险的监测和预测，企业可以提前发现潜在的风险因素，及时采取措施，避免损失的扩大和影响企业整体的稳定性。同时，风险管理还可以帮助企业规避不必要的风险，降低风险带来的不确定性和减小潜在的负面影响。

风险管理可以提升企业的财务透明度和规范化水平。通过建立健全的财务风险管理制度，企业可以更加规范地进行财务管理和发布财务报告，提高财务信息的准确性和可靠性，增强内外部对企业财务状况的审计和监督能力，增强企业的信誉和市场声誉。

风险管理可以促进企业的持续发展和提升绩效。通过有效地管理和控制风险，企业可以降低不确定性，提高经营的稳定性和持续性，增强企业的抗风险能力，提升企业的市场竞争力和长期盈利能力。同时，风险管理还可以帮助企业依据实际风险承受能力，合理配置资金和资源，优化资产负债结构，保障企业的长期发展和盈利能力。

在风险管理中，企业需要建立完善的风险管理制度和管理机制，提高风险的识别和评估能力，及时采取有效的风险控制措施，以确保企业的财务安全和稳定性。只有这样，企业才能够实现可持续发展和长期的价值创造。通过风险管理，企业可以更好地审慎经营，做出理性和科学的决策，降低因风险带来的损失和影响。同时，风险管理也能够帮助企业规范经营，确保财务管理的合规性和高效性，为企业的长期发展奠定坚实的基础。

总的来说，企业要想实现可持续发展，需要建立起一套完善的风险管理体系，不断完善和改进内部控制机制，提高风险识别和应对的能力。只有这样，企业才能在激烈的市场竞争中立于不败之地，实现长期发展目标。

第一节　企业财务会计管理对风险管控的支撑作用

在当今全球化和信息化的时代，企业面临着越来越多的挑战和风险。企业财务会计管理与风险管控密不可分，内部控制体系的建立是支撑风险管控工作的重要保障。建立有效的内部控制体系可以帮助企业及时识别和应对风险，保障企业的正常运作。同时，内部控制体系的建立也有助于规范企业的经营行为，提高管理效能，确保企业的可持续发展。因此，企业应该重视内部控制体系的建立和完善，不断提升其有效性和适用性，以应对市场的变化和挑战。

通过建立健全内部控制体系，企业可以有效地确保财务信息的准确性和可靠性；降低风险，提高企业的盈利能力和市场竞争力。在竞争激烈的市场环境中，一个良好的内部控制体系可以帮助企业提高效率，降低成本，从而提升盈利水平。通过建立内部控制体系，企业可以增强声誉和信誉，赢得利益相关方的信任和支持，为企业的可持续发展奠定基础。

企业还需要不断加强对内部控制体系的监督和改进，以确保其与外部环境的适应性。只有不断改进内部控制体系，加强风险管控，企业才能迅速应对各种潜在风险，并在竞争中立于不败之地。

资金运作的监控是企业财务会计管理中非常重要的一环。资金是企业生产经营的血液，如果资金运作失控，将极大地影响企业的经营活动和发展前景。因此，企业需要建立一套完善的资金流动管理和监控措施，确保资金的安全和有效运作。

建立健全资金管理制度包括：明确资金使用的权限和流程，制订资金预算和计划，确保资金的合理配置和利用。通过建立资金管理制度，企业可以规范资金的使用，避免资金被挪用或浪费。

加强资金流动的监控和跟踪。通过建立资金流动监控系统，企业可以实时掌握资金流入流出情况，及时发现异常情况并采取应对措施。同时，建立资金预警机制，及时预防资金风险的发生，确保资金安全。

加强内部控制和审计。建立完善的内部控制机制，加强对资金流动的审计和监督，及时发现和纠正问题。同时，加强对财务人员的监督和培训，提高其风险意识和责任感，确保资金运作的合规性和安全性。

只有建立完善的资金管理制度，并加强对资金流动的监控和内部控制，企业才能有效降低财务风险，确保资金的安全和稳定运作。在实践中，企业需要根据自身情况和实际需求，不断完善资金管理和监控措施，确保财务风险得到有效管控，为企业的健康发展提供有力支撑。

信息披露的透明化是企业财务会计管理中至关重要的一环。通过信息披露，企业可以向利益相关方提供各种资料和数据，从而增强企业的透明度和公信力。利益相关方可以更加清晰地了解企业的财务状况和经营情况，有助于他们做出更为准确和理性的决策。同时，信息披露还可以促进企业的合规性和规范运作，减少违规风险的发生。

企业应该高度重视信息披露工作，加强内部管理、规范运作，积极主动地向市场和社会公开相关信息，以提升企业的透明度和公信力，增强风险管理的有效性和稳健性。

信息披露的透明化对企业具有重要的意义，不仅可以增加企业的信任度，使企业更具市场竞争力，降低融资成本和融资难度，还有助于建立长期稳定的合作关系，吸引更多合作伙伴和投资者，为企业的可持续发展提供有利的外部环境。信息披露工作的完善可以提升企业的透明度和公信力，增强风险管理的有效性和稳健性。企业应该加强内部管理、规范运作，积极主动地向市场和社会公开相关信息，确保信息披露的及时性和准确性。

监管部门和行业协会也应该发挥重要作用，建立健全信息披露制度和机制，加强对企业信息披露的监督和指导。通过共同努力构建一个健康、透明、有序的市场环境，促进企业持续健康发展。信息披露的透明化不仅有利于企业自身，也有助于提升整个市场的竞争环境，促进行业的发展和创新。只有在信息公开透明的基础上，市场才能更加稳定，投资者才能更加信任企业，合作伙伴才能更加放心合作。信息披露的透明化是企业财务会计管理和风险管控的基石，对企业的长期稳定发展和社会责任担当有着不可替代的作用。

因此，企业应当将信息披露纳入战略发展规划中，重视信息披露工作，在加强自身内部管理的同时，积极与监管部门和行业协会进行合作，共同推动信息披露工作的落实，构建一个更加透明、公正和健康的市场环境。信息披露的透明化是企业财务会计管理和风险管控的重要支撑，对企业的可持续发展和风险管理起着至关重要的作用。

第二节 风险管控对企业财务会计管理的促进作用

在企业财务管理中，风险识别是至关重要的环节之一。只有充分进行风险识别，企业才能采取有效的应对措施，避免或降低风险对财务会计管理的负面影响。风险识别的加强不仅可以帮助企业及时发现潜在的风险因素，还可以提升企业对外部环境变化的敏感度，从而更好地应对市场波动和竞争挑战。

企业需要根据自身的经营特点和运作模式，建立一套科学的风险识别和评估机制。该机制通过监测市场风险、信用风险、操作风险等各类潜在风险，加之利用数据分析、风险模型构建等手段，全面识别和评估可能存在的风险因素。

企业在面对外部环境变化时，也需要建立风险预警机制。该机制通过对宏观政策、市场竞争、行业动态等因素进行定期跟踪和分析，及时发现对企业经营产生影响的风险因素，并及早做出应对策略，确保企业财务的稳健运营。

加强风险识别不仅可以有效降低企业面临的风险，还可以提升企业的竞争力和抗风险能力。只有不断加强对风险的认知和管理，企业财务会计管理才能更加稳健可靠地运行，在不确定的市场环境中获得更多的机遇和发展空间。

企业财务会计管理与风险管控是相辅相成、密不可分的。加强风险管控对企业财务会计管理具有促进作用，不仅可以帮助企业更好地应对风险挑战，还可以提升企业的运营效率和管理水平。企业需要不断改进风险管理机制，加强对风险的识别和预警，以确保企业财务会计管理稳健运行，实现长期可持续发展。

在当前复杂多变的市场环境中，企业面临各种潜在的风险挑战。只有通过加强风险识别，及时掌握并分析行业动态等，企业才能更好地预见可能出现的风险并采取相应的措施应对风险。这种前瞻性的风险管理机制不仅可以有效降低企业的运营风险，还可以提高企业的竞争优势。

在进行风险管理时，企业需要建立起一套完善的风险管控机制，包括对各种风险因素的分类和评估，以及建立应对风险的预案和措施。通过对风险的全面识别和评估，企业可以及早发现潜在的风险隐患，并制定出精准有效的风险应对策略。

企业也需要加强对外部环境的监测和分析，以更好地把握市场变化的脉搏，及时调整经营策略。

综上，加强风险识别是企业财务会计管理中至关重要的一环。只有通过不断完善风险管理机制，加强对风险的识别和预警，企业才能确保财务会计管理的稳健运行，实现长期可持续发展的目标。通过全面系统地进行风险管理，企业可以在风险挑战中披荆斩棘，稳步前行。

深化风险评估对企业财务会计管理的影响显著。深化风险评估可以帮助企业更全面地识别和理解各类潜在风险。在财务会计管理中，企业可能面临着市场风险、信用风险、流动性风险等多种风险。只有通过深化风险评估，企业才能准确地识别出这些风险，并采取相应的应对措施。

深化风险评估可以帮助企业更有效地制定财务策略和决策。在面对复杂多变的市场环境时，企业需要依靠准确的风险评估进行决策。通过深化风险评估，企业可以更加清晰地了解各种风险对企业的潜在影响，从而有针对性地制定财务策略，降低风险带来的损失。

深化风险评估还可以帮助企业建立更加完善的风险管理体系。在现代企业管理中，风险管理已经成为一个不可或缺的部分。通过深化风险评估，企业可以发现风险管理体系中的不足之处，并及时改进。这样一来，企业就能够更加有效地应对各类风险，保障企业的稳健运营。

深化风险评估还可以促使企业进行风险意识的培养和提升，使企业管理者和员工更加重视风险管理工作，从而建立起一种风险防范的文化氛围。在这样的氛围中，企业将更加谨慎地做出决策，有效避免不必要的风险和损失。通过深化风险评估，企业可以更好地进行内部资源的合理配置和利用，提高企业的整体效益和盈利能力。因此，深化风险评估不仅可以为企业带来更多机遇，还可以帮助企业规避风险，保障企业的可持续发展。深化风险评估对企业财务会计管理具有重要的意义，值得企业高度重视和深入研究。

风险管控对企业财务会计管理的促进作用也在于其能够帮助企业及时发现、评估和应对潜在风险。在当前复杂多变的市场环境下，企业面临各种内外部不确定性因素，如市场波动、竞争加剧、法律法规变化等，这些因素都可能对企业的财务运营造成影响。因此，企业需要建立有效的风险管控机制，以保障企业财务的稳健运营。

风险管控有助于提高企业财务会计管理的透明度和准确性。通过建立健全风险识别和评估机制，企业可以及时发现潜在风险，准确评估其对企业财务的影响，从而提升企业财务信息的真实性和可信度。这有助于企业及时调整财务战略，规避潜在风险，保障企业财务的健康发展。

风险管控强化了企业内部控制和管理，有助于提高企业财务会计管理的效益和效率。通过完善内部控制措施，企业可以规范财务管理流程，加强财务数据的监控和审计，有效防范风险的发生。这不仅有助于减少企业因风险事件造成的损失，还能提升企业财务管理的运作效率，提高企业整体竞争力。

风险管控还有助于激励企业管理层和员工积极主动地关注和处理风险问题，促进企业财务会计管理的持续改进和优化。通过建立风险激励机制，企业可以激发员工的风险意识和责任意识，推动他们主动参与风险管控工作，共同维护企业财务的安全和稳健。同时，企业管理层也会更加重视风险管理工作，强化对企业财务风险的预防和控制，促进企业财务会计管理的持续发展。

风险管控对企业财务会计管理起着至关重要的作用，它不仅有助于提高企业财务信息的质量和可靠性，还有助于提升企业内部控制和管理效能，促进企业整体业务的可持续发展。因此，企业应当重视风险管控工作，建立健全的风险管理体系，加强风险意识教育和培训，推动企业财务会计管理与风险管控的有机融合，实现企业财务可持续发展的目标。

风险管理的重要性在现代企业运营中变得越发突出。随着市场竞争的激烈以及经济环境的不确定性，企业面临的风险也日益增加。因此，企业及时发现和处理风险问题显得尤为关键。在实施风险管理的过程中，企业需要建立起完善的风险识别和评估机制，以便全面掌握潜在风险，并确定风险的优先级别，以便采取相应的措施应对。

风险激励机制的建立能够有效地激发员工的责任感和主动性，使他们更加积极地参与风险管理工作。同时，这也会促使企业管理层更加重视风险管理工作，加强对风险的预警和控制，以确保企业财务的安全和稳健。通过全员参与的风险管理活动，企业可以不断提升整体风险管控的效能，进一步优化企业财务会计管理的运作流程。

风险管控不仅有助于提高企业财务信息的准确性和可靠性，还能够提升企业整体业务的持续发展能力。通过不断完善和落实风险管理措施，企业可以有效地应对外界环境变化带来的挑战，降低财务风险对企业的不利影响。最终，健全的风险管理机制将有助于企业实现长期稳健的财务运营和持续的发展目标。

在企业进行风险监控时，要确保监控措施的有效性和及时性，以便能够及早发现潜在的风险并采取相应的措施加以应对。在企业财务领域，风险监控尤为重要，因为一旦出现财务风险，会对企业的持续经营和发展造成重大影响。

企业可以通过建立完善的内部控制体系进行财务风险监控。内部控制是指企业为实现经营目标，保护企业资产和促进财务信息真实可靠的一系列组织措施和程序。通过内部控制，企业可以规范业务流程，确保财务信息的准确性和完整性，及时发现和纠正可能存在的错误和异常。同时，内部控制也可以有效防范潜在的风险，保障企业的财务安全。

企业可以借助先进的监控工具来提高风险监控的效率和精度。例如，企业可以利用财务软件进行财务数据的分析和监控，通过设定预警指标和监控模型，及时发现数据异常和风险信号。同时，企业还可以利用数据挖掘和人工智能等技术手段，对财务数据进行深度挖掘和分析，从而更加全面地评估财务风险和制定相应的风险管理策略。

在风险监控中，要综合利用各类信息和数据。企业可以通过引入先进的科技手段，优化监控措施，提高监控效率。建立联合监控机制，提升企业的风险识别和应对的能力。不同部门之间要做好信息共享和协作以更全面地了解企业面临的各种风险，从而更加有效地实施监控措施。

企业还需要时刻关注外部经济政策、市场走势以及竞争对手的动向，及时调整风险管理策略，避免陷入不可控的风险之中。注意风险管理机制的灵活性以快速适应变化的市场环境，保障企业财务安全和持续发展。

风险监控有效性不仅是企业财务管理的基础，也是企业可持续发展的关键。企业应该不断加强对风险监控的投入和改进，提高监控的科学性和准确性，以应对各种内外部风险挑战，确保企业稳健经营和持续发展。

风险报告的透明度是企业财务会计管理和风险管控中至关重要的一环。风险报告的透明度是指报告的真实性和可信度，是对外界和利益相关方公开披露企业面临的各种风险情况。一个透明度高的风险报告能够有效提升企业的信誉和声誉，增强投资者和其他利益相关方对企业的信心，降低潜在的风险和避免潜在的损失。

风险报告的透明度取决于报告的编制流程。企业应建立完善的风险管理体系和制度，明确责任人和流程，确保风险报告的准确性和及时性。在风险报告编制过程中，应当充分考虑企业的实际情况和行业特点，同时结合相关法规和标准，确保风险报告内容的合规性和准确性。

风险报告的内容披露程度也是评判透明度的重要指标。风险报告应当全面披露企业的风险管理策略、风险管理工具、风险事件的发生概率和影响程度等信息，同时应当公开企业的财务状况、业务运营情况等相关信息，为利益相关方提供全面的风险识别和分析。

风险报告的可读性也是影响透明度的关键因素。风险报告应当使用易懂的语言和直观的图表，以简洁清晰的方式表达复杂的内容，避免使用专业术语和复杂公式，让读者能够快速理解风险报告的核心信息和重点内容，提高风险报告的传达效果和影响力。

总之，风险报告的透明度对企业的可持续发展至关重要。通过全面披露财务状况、业务运营情况等相关信息，企业可以为利益相关方提供全面的风险识别和分析。风险报告的可读性也非常关键，简洁清晰的表达方式能够提高传达效果和影响力。

透明度高的风险报告不仅有助于企业管理者更好地了解企业当前面临的风险状况，也能增加外部利益相关方对企业的信任和认可。

企业可以更好地制定风险管理策略，降低风险带来的负面影响，保障企业的可持续发展。因此，企业在撰写风险报告时，应当重视透明度，注重提高报告的传达效果和影响力，为企业的未来发展打下坚实的基础。

第三节　企业财务会计管理与风险管控的协同作用

企业财务会计管理部门和风险管理部门在实现共同目标的过程中，需要进行密切的协同合作。他们需要确定企业的整体目标和战略方向。财务会计管理部门需要了解企业的财务状况和运营情况，为企业的经济活动提供准确的财务信息；风险管理部门需要评估和管控企业面临的各种潜在风险，以确保企业的稳健经营。

在协同工作流程中，财务会计管理部门和风险管理部门需要密切协作，共同参与制订企业的财务预算和计划。财务会计管理部门可以根据风险管理部门提供的风险评估报告进行财务预测，为企业的经营决策提供依据；风险管理部门也可以根据财务会计管理部门提供的财务信息，更准确地评估企业的风险状况。

在实施财务风险管控的过程中，财务会计管理部门和风险管理部门也需要合作。财务会计管理部门可以通过建立完善的内部控制制度和会计核算制度，提高企业的财务透明度和准确性，从而减少企业面临的财务风险；风险管理部门可以根据财务会计管理部门提供的数据，及时发现和预防可能存在的风险。

在竞争激烈的市场环境中，企业财务会计管理部门和风险管理部门之间需要保持信息的准确性和完整性，并确保信息共享。信息共享可以帮助企业更好地了解自身的财务状况，及时发现和应对潜在的风险，从而提高企业运营的效率和盈利能力。

信息共享的深化不仅意味着两个部门之间信息的交流更加频繁和直接，还意味着双方的信息系统实现了有效整合，共享更加顺畅。通过信息共享，企业财务会计管理部门可以及时向风险管理部门提供财务数据和报表，帮助其了解企业财务状况，预测和识别潜在风险。风险管理部门也能向财务会计管理部门提供有关市场、经济和政策等方面的信息，帮助其制定相应的财务策略和应对措施。

信息共享的深化还可以通过信息系统的整合和数据共享的方式实现。企业可以建立统一的信息平台，将财务会计管理部门和风险管理部门的信息系统进行整合，实现数据的共享和传递。通过信息系统的支持，财务会计管理部门和风险管理部门可以随时随地获取必要的信息，实现全面、及时、准确地信息传递，提高决策的科学性和有效性。

企业还可以建立信息通道和沟通机制，促进财务会计管理部门和风险管理部门之间的信息交流和协作。通过定期召开会议、建立联络人员、设立信息报送制度等方式，加强两个部门之间的沟通与协作，使信息共享更加顺畅和有效，实现风险管控和财务管理的协同作用。

信息共享的深化不仅有助于增强企业风险管理的能力，降低企业风险，还有助于提升企业财务管理的效率和透明度，增强企业的竞争力和可持续发展能力。企业应致力于加强财务会计管理部门和风险管理部门之间的信息共享，搭建有效的信息平台和沟通机制，实现企业财务会计管理和风险管控的协同作用，推动企业持续发展和蓬勃增长。

信息共享的深化不仅可以帮助企业更加及时准确地获取信息，提高决策的科学性和有效性，还可以加强不同部门之间的协作与沟通，促进信息的传递和共享。在信息共享的基础上，企业可以更好地识别和评估风险，及时采取相应的措施应对挑战，进一步提升企业的风险管理水平。

信息共享的深化还可以促进企业内部各部门之间的信息互通和互动，实现资源的共享和最优配置。通过建立信息平台和流程，企业内部各个部门之间的信息传递更加方便快捷，加强团队间的协作与协调，提高企业整体绩效和效率。

信息共享的深化还能够提升企业的内部管理效果和透明度，帮助企业更好地监控和管理财务风险，提升企业的竞争力和可持续发展能力。通过信息共享，企业可以更加全面地了解市场动态和竞争环境，及时调整经营策略，把握商机，实现企业的持续发展和蓬勃增长。

因此，信息共享的深化是企业发展的关键所在。企业应该重视信息共享的重要性，建立健全信息传递机制，促进各部门之间的信息交流与沟通，实现全员参与，共同推动企业的可持续发展。

财务会计管理部门和风险管理部门的合作，可以有效地降低企业面临的各种风险，保障企业的财务安全和稳健经营；同时可以为企业提供更加可靠的财务信息，提高企业的信誉度和市场竞争力。

通过财务会计管理部门和风险管理部门的紧密协作，企业可以更加全面地了解自身的财务状况和风险状况，有效地应对各种挑战和机遇，实现企业的可持续发展。财务会计管理部门和风险管理部门的协同合作是企业成功的关键，只有两个部门紧密合作，才能实现共同目标，为企业的发展保驾护航。

通过财务会计管理部门和风险管理部门的协同作用，企业可以实现共同目标。在这个过程中，双方需要密切配合，相互沟通，共同努力，以发现和预防可能存在的风险，保障企业的财务安全和稳健经营。同时，他们还可以共同制定风险管理策略，提高企业整体的风险管理水平，确保企业在市场竞争中始终处于有利位置。

第四章　前景展望

第一节 企业财务会计管理的前景展望

随着科技的发展和应用，企业财务会计管理也在不断进行创新和改进。首先，技术应用对财务会计管理的提升主要体现在以下几个方面。

一、技术应用

技术应用能够提高财务数据的采集、处理和分析效率。传统的财务会计管理往往需要大量的人力物力来完成烦琐的数据录入和整理工作，容易出现错误和延误。通过技术应用，企业可以实现财务数据的自动化采集和处理，大大提高了工作效率，减少了人为错误的发生。同时，技术应用还能够帮助企业更快速地进行数据分析，为财务决策提供更加准确和及时的支持。

技术应用可以加强财务风险管理和监控能力。随着企业规模的扩大和业务复杂度的增加，各种财务风险也相应增加，如造假、财务舞弊等。技术应用可以通过数据挖掘和风险模型构建等手段，帮助企业实时监测和预警财务风险，并及时采取措施进行应对。同时，技术应用还可以加强对财务数据的安全保护，防止数据泄露和篡改，确保财务数据的完整性和可靠性。

技术应用还可以促进企业财务会计管理与其他管理系统的融合和协同。现代企业的管理是一个互相关联、相互影响的系统。在这个系统中，财务会计管理与其他管理系统密不可分。通过技术应用，企业可以实现财务会计管理与生产、销售、人力资源等管理系统的信息共享与交互，实现资源的最优配置和利用，提高企业整体运营效率和竞争力。

技术应用对财务会计管理的提升具有重要的意义和价值。企业应积极采用先进的技术手段，不断提升自身财务会计管理水平，加强风险管控，提高运营效率，实现可持续发展。同时，企业也应关注技术应用所带来的新挑战和风险，及时调整和优化管理策略，确保财务运营的稳健和可持续。

通过技术应用，企业可以实现财务会计管理与其他管理系统的高效协同，实现信息共享和资源的充分利用。这种整合可以帮助企业更好地应对市场变化和竞争压力，提高决策的准确性和时效性。在实际操作中，企业可以借助大数据分析、人工智能等技术手段来实现财务数据的智能化处理和管理，提高财务信息的质量和及时性。

技术应用还可以帮助企业建立更加完善的财务风险管理体系，通过数据模型和风险预警系统，及时发现和避免潜在的风险，保障企业财务的稳健和健康。同时，技术应用也有助于提升企业内部运营效率，降低成本，提高盈利能力。

在未来，随着技术的不断发展和应用，企业财务会计管理将迎来更加全面和深入的变革。企业需要不断创新和学习，适应技术发展带来的新机遇和挑战，不断提升自身的管理水平和竞争力。只有不断追求卓越，才能在激烈的市场竞争中立于不败之地，实现长远的可持续发展。

绿色会计作为一种全新的概念，正在逐渐被企业和政府机构重视和应用。其核心思想是将环境责任和可持续发展融入财务会计管理中，以实现企业的经济效益和环保效益的平衡。绿色会计对传统的财务会计管理产生了一定的冲击，主要体现在以下几个方面。

二、绿色会计

绿色会计要求企业在财务报表中充分披露环境成本和环境效益，这对于传统的财务会计管理系统来说是一个全新的挑战。传统的财务会计更加关注企业的经济利益和财务状况，难以全面反映企业对环境的影响和承担的社会责任。而绿色会计，要求企业在财务报表中披露环境相关信息，形成"绿色账户"，从而使企业的财务会计管理更加全面和透明。

绿色会计要求企业对环境风险进行评估和控制，这也给财务会计管理带来了新的挑战。传统的财务会计管理更多关注企业的财务风险和经济利益，对于环境风险的披露和管理相对较少。而绿色会计要求企业对环境风险进行科学评估和有效控制，这对企业的财务会计管理提出了更高的要求和挑战。

绿色会计要求企业在决策过程中更加重视环境和可持续发展因素，这也对财务会计管理提出了新的要求。传统的财务会计管理更多关注企业的盈利能力和财务状况，对环境和社会责任的考虑相对较少。而绿色会计要求企业在决策过程中综合考虑经济、环境和社会的因素，实现经济效益和环保效益的平衡。

绿色会计作为一种新型的会计理念，对财务会计管理产生了冲击和挑战。企业在应对这些冲击挑战的过程中，需要不断改进和完善财务会计管理体系，以适应日益复杂和多变的环境要求。只有不断创新和改进，企业才能在激烈的市场竞争中立于不败之地，实现可持续发展的目标。

绿色会计的提出，使企业在财务会计管理方面面临着更高的要求和挑战。企业需要更加注重环境和可持续发展因素，在决策过程中综合考虑经济、环境和社会的因素。这种新型的会计理念要求企业不仅要追求经济效益，还要关注环保效益，实现两者的平衡。

绿色会计的发展也为企业提供了更多的发展机会和可能性。企业可以通过引入绿色会计理念，开展绿色会计实践，不断探索符合企业特点的绿色会计管理模式，促进企业可持续发展。这不仅对企业自身发展有益，也对整个社会和环境产生积极的影响。

绿色会计对财务会计管理提出了新的挑战，但也为企业带来了新的发展机遇。企业应积极应对挑战，不断完善管理体系，推动绿色会计理念的深入发展，实现经济效益和环保效益的双赢。通过持续努力和创新，企业可以在新的经济环境下获得更好的发展。

三、数字化转型

随着科技的不断进步和数字化转型的加速，企业财务会计管理也面临着诸多挑战和机遇。数字化转型对企业财务会计管理的影响主要体现在以下几个方面。

数字化转型加速了财务会计信息化的进程。传统的财务会计管理往往面临着纸质凭证繁多、数据处理效率低下等问题，而数字化转型使财务会计信息可以实现全面数字化管理，大大提高了数据处理的效率和准确性。财务会计数据可以实时生成和更新，为企业管理者提供了更加及时、准确的财务信息，帮助他们更好地进行数据分析、决策和风险管控。

数字化转型促进了财务会计管理的智能化发展。通过人工智能、大数据分析等技术的应用，企业可以更好地利用财务数据进行预测性分析，发现潜在的财务风险和机会。智能化的财务会计管理系统可以自动识别数据异常，提升了财务风险的识别和管理能力，为企业的可持续发展提供了有力的支持。

数字化转型也推动了财务会计管理与其他业务系统的深度融合。在数字化转型的浪潮下，财务会计管理系统可以与供应链管理、客户关系管理等其他管理系统进行无缝对接，实现数据共享和协同工作，提升了企业的管理效率和综合竞争力。

数字化转型对企业财务会计管理的影响，不仅仅是为了提高管理效率和综合竞争力，更重要的是为了实现企业的可持续发展。通过数字化转型，企业可以更好地应对市场的变化和挑战，更加灵活地调整经营策略，实现业务的持续增长和盈利。数字化技术的应用不仅可以提高企业的管理水平，还可以优化财务会计流程，提升数据的准确性和准确性，降低企业的风险和成本。

在数字化转型的道路上,企业需要重视人才培养和组织文化的建设,激发员工的创新潜力,实现知识共享和团队合作。只有建立开放、分享、学习的企业文化,才能推动数字化转型向更深层次的发展。同时,企业还需要关注数据安全和隐私保护,加强信息系统的防护和监控,确保企业数据的安全性和完整性。

在数字化转型的浪潮下,企业需要与时俱进,不断学习和探索新的技术和管理模式,不断完善自身的数字化能力和竞争力。只有抓住时代的机遇,善于创新和变革,才能在激烈的市场竞争中立于不败之地。数字化转型已经成为企业发展的必然趋势,希望企业能够紧跟时代的步伐,勇敢面对挑战,勇敢迎接机遇,引领企业财务会计管理的新时代。愿企业在数字化转型的道路上走得更加稳健和成功,实现更加辉煌的未来。

展望未来,企业财务会计管理的发展方向将更加注重创新和协同。各行各业能够借助大数据、人工智能等新技术手段,实现企业财务数据的精准分析和预测,有效降低风险,提升经营决策的科学性。同时,跨部门、跨领域的协同合作也将成为未来财务会计管理的重要发展趋势,促进信息共享、资源整合,实现全方位、全程度的风险管控与管理。

未来的企业财务会计管理将走向数字化、智能化和协同化的方向,促进企业财务风险的有效管控,为企业持续稳定发展提供有力支撑。企业需要不断更新技术知识,提升管理能力,适应新的经济环境和市场需求,才能在激烈的市场竞争中立于不败之地。

未来的企业财务会计管理将进一步加强企业内部的合规性管理,建立全面的风险管控体系,并强调透明度和信息披露的重要性。企业将积极采用区块链技术、云计算等新兴技术,实现财务数据的安全存储和实时监控。同时,企业将重视员工的素质提升和专业能力培养,建立完善的内部控制机制,确保各项财务活动符合法规和规范要求。

未来的企业财务会计管理将更加注重可持续发展和社会责任。企业需不断提升企业社会责任意识,积极履行环保、公益慈善等社会责任,树立良好的企业形象和社会声誉。企业还应建立全面的风险管理体系,及时发现和应对潜在风险,确保企业可持续发展的稳健性。

未来的企业财务会计管理将朝着更加规范、科学、合规的方向发展,助力企业在全球化竞争中取得更大的成功。企业需要不断创新,提升管理水平,加强与各方的合作,不断优化和提升企业的整体竞争力。最终,企业将能够在不断变化的市场环境中保持持续发展和稳定增长的能力。

第二节　企业风险管理的前景展望

随着全球化和市场竞争的不断加剧，企业风险管理将成为企业管理的重要组成部分，为企业提供更加全面和深入的风险管理服务。

随着社会经济和科技的飞速发展，企业面临的风险也在不断演变和增加。为了保障企业的正常经营和可持续发展，企业需要不断优化风险管理技术。随着大数据、人工智能、云计算等技术的应用，企业可以更加准确地识别和评估各种潜在风险，从而制定更加有效的风险管理策略。随着信息系统的智能化和数字化，企业可以实时监测和跟踪风险情况，及时采取措施进行应对，以最大限度地降低风险带来的损失。未来，随着区块链、物联网等新兴技术的不断成熟，企业风险管理将迎来更加全面和深入的发展。可以预见，风险管理技术的进步将为企业管理提供更加全面和精准的支持，助力企业实现稳健经营和可持续发展。

企业风险管理是企业经营活动中不可或缺的一部分，通过识别、评估和应对各类风险，保障企业的利益。随着市场竞争的加剧和金融环境的复杂化，企业面临的风险也日益多样化和复杂化。未来，企业风险管理将更加注重全面、系统的风险识别和控制，以适应市场的快速变化和未知风险的挑战。

一、全球化

全球化对企业风险管理的影响是不可忽视的，全球化使企业面临的风险来自不同国家和地区，风险的传播速度也变得更快。企业需要更加主动地应对全球化带来的挑战，加强跨区域合作和信息共享，更好地把握全球市场的变化和机会。在全球化的大背景下，企业风险管理将更加重视跨境风险的管理和协调，力求实现全球风险的有效控制和应对。

全球化使企业面临更加多元化的风险，需要制定更加全面和灵活的风险管理策略。企业应不断完善风险管理体系，强化风险监控和预警机制，及时应对风险事件，确保企业的稳健经营和可持续发展。随着全球化的深入发展，企业也需要加强与国际机构和跨国公司的合作，共同应对全球性挑战，实现风险管理的全球化。

在全球化背景下，企业财务会计与风险管理的结合将更加密切，相互之间将形成良性互动和合作。企业应注重财务会计数据的准确性和及时性，为风险管理提供可靠的参考依据。同时，风险管理也应基于对企业财务状况的全面了解，更好地预防和化解潜在的风险隐患，保障企业的财务稳健和可持续发展。在全球化的浪潮中，企业财务会计与风险管理的协同作用将更加显著，为企业的未来发展打下坚实基础。

企业财务会计与风险管理是企业经营管理中不可或缺的两个重要方面。企业财务会计是企业财务信息的核心，通过对企业日常经济活动进行记录、分析和报告，为企业管理者提供了决策依据。企业风险管理则是针对企业可能面临的各种风险进行识别、评估、应对和监测，以保障企业持续健康发展。

二、大数据技术

在数字化时代，大数据技术的快速发展为企业财务会计和风险管理提供了更多的可能性和机遇。大数据技术的应用可以帮助企业更加准确地识别风险因素，提前预防和化解潜在风险，从而提高企业的风险管理水平。同时，大数据分析能够为企业财务会计提供更加全面、准确的财务信息，为企业管理者提供更加科学、合理的决策支持，推动企业财务管控水平的提升。

未来，随着大数据技术的不断创新和发展，企业财务会计管理与风险管控也将迎来新的机遇和挑战。企业需要不断优化财务会计信息系统，整合大数据技术，提高财务信息的准确性和时效性；同时，企业也需要不断完善风险管理体系，加强对风险因素的监测和预警，做好应对措施的准备，以应对外部环境的不确定性和挑战。

大数据技术已经成为企业财务会计管理与风险管控的重要利器。大数据的应用让企业管理者可以更准确地了解企业的财务状况，及时做出科学合理的决策，从而提高企业的竞争力和盈利能力。而在风险管控方面，大数据的应用也让企业更加及时地发现并解决各种潜在的风险，保障企业的持续稳定发展。

随着企业规模的不断扩大，数据量也在不断增长。企业需要建立起完善的数据管理体系，确保数据的完整性和准确性。通过数据分析，企业可以更好地了解市场需求，优化资源配置，提高运营效率。同时，企业也需加强对数据安全的保护，防范数据泄露和黑客攻击，确保企业的信息安全。

在当今竞争激烈的商业环境中，企业需要不断提升自身的财务管理水平和风险意识。财务会计与风险管理的密切联系为企业提供了应对挑战的有力工具。通过建立健全的财务信息记录和报告制度，企业能够更准确地评估自身的财务状况，为管理层提供决策支持。同时，有效的风险管理机制可以帮助企业及时发现和处理潜在风险，降低经营活动面临的风险和损失。在管理风险的过程中，企业也能更好地平衡经济、社会和环境的发展，实现可持续经营的目标。

随着科技的不断发展，企业可以借助先进技术和理念来提升财务信息的准确性和透明度。通过数据分析和智能化的财务系统，企业可以更加高效地管理财务数据，及时监控业务运营情况，降低财务风险的发生概率。与此同时，企业还可以利用大数据和人工智能等技术来识别和评估各类风险，制定相应的风险管理策略，为企业的可持续发展提供保障。

财务会计与风险管理的协同效应体现在它们共同为企业创造了稳健的发展环境。通过建立全面的财务会计和风险管理体系，企业可以更好地适应市场变化，降低经营风险，增强市场竞争力。只有在财务信息准确、风险可控的基础上，企业才能实现长期稳健的发展，为持续创造价值做出贡献。因此，财务会计与风险管理之间的密切联系将成为企业实现可持续经营目标的重要保障。

三、企业文化

企业文化是塑造企业整体风格和价值观的重要因素。企业文化是一个国家、一种民族的精神象征，是一种底蕴，是一种共同的价值观和行为准则。企业文化能够影响企业员工的行为和态度，塑造员工的品格和道德情操，进而影响企业的运营和管理。企业文化对于风险管理至关重要，因为它能够塑造员工的风险意识和风险管理意识，帮助员工在实践中树立正确的风险意识，提高对风险的认知，在管理风险方面具备更强的能力和经验。企业文化也是企业风险管理的重要保障和支撑，它可以帮助企业建立风险管理制度和流程，规范风险管理行为，加强风险管理意识，确保企业风险管理工作的有效开展和规范发展。如果企业文化能够与风险管理相结合，将为企业的稳定发展和长远发展提供有力支持，帮助企业在竞争激烈的市场中立于不败之地，实现可持续发展的目标。

企业文化的重要性在于其潜移默化的力量，它在企业内部渗透并深入每一个员工的心灵。良好的企业文化可以帮助员工建立正确的行为准则和价值观，使其在面临风险时能够深谙风险管理的重要性。企业文化的塑造不仅能提升员工对风险的认知水平，更重要的是可以促使员工主动承担风险管理的责任。良好的企业文化会让员工自觉地将风险管理融入日常工作中，形成一种习惯性的风险意识，从而有效地降低企业在面临外部挑战时所面临的风险。

企业文化与风险管理的紧密结合，也为企业提供了有效的风险管理机制。

通过规范的风险管理制度和流程，企业可以有效应对各种风险，保障企业的稳定发展。良好的企业文化还能加强员工的风险管理意识，促使员工在日常工作中更加谨慎和审慎，从而避免不必要的风险。企业文化与风险管理的结合，可以使企业在竞争激烈的市场中立于不败之地，实现长期发展目标。

因此，企业应该重视企业文化的建设，并将其与风险管理有机结合，形成一种内在的力量，帮助企业有效管理风险，谋求长远发展。只有在企业文化的引领下，员工才能真正理解风险管理的重要性，从而积极参与风险管理工作，共同守护企业的稳定和发展。企业文化与风险管理相互融合，不仅可以提升企业的整体实力，更可以为企业的可持续发展打下坚实的基础。

参考文献

［1］ 黄艳霞.建筑施工企业财务管理与风险防范若干问题探讨［J］.活力，2022（13）：151-153.

［2］ 符洁.企业内部审计与财务风险控制探讨［J］.投资与创业，2023，34（18）：92-94.

［3］ 王岩.企业会计管理中的风险控制及对策探讨［J］.中国市场，2023（11）：147-150.

［4］ 常欢.企业内控管理与财务风险防范的探讨［J］.中国集体经济，2023（25）：123-126.

［5］ 边永宏.企业财务管控与风险防范研究［J］.商讯，2022（10）：10-13.

［6］ 谢源立，虞景茜.企业财会管理中的风险管理问题及对策研究［J］.中小企业管理与科技，2022（16）：172-174.

［7］ 石鑫.企业财务管理与财务风险控制［J］.中国管理信息化，2023，26（18）：55-57.

［8］ 姚琼.企业内控管理与财务风险防范的措施探讨［J］.质量与市场，2022，（2）：121-123.

［9］ 任玲.探讨企业财务风险的防范与控制［J］.财经界，2022（2）：134-136.

［10］ 庞思思.企业财务管理中财务风险的防范与控制策略探究［J］.企业改革与管理，2023（12）：149-151.

［11］ 栾岚.制造业企业财务风险管控探究［J］.投资与创业，2023，34

（21）：75-77.

［12］池玮.企业财务管理会计内控措施探讨［J］.中国中小企业，2022（2）：97-98.

［13］申宁.轨道交通企业财务风险的管理及控制探讨［J］.中国集体经济，2023（20）：162-165.

［14］张静.企业财务内控和风险防范研究［J］.商业2.0，2023（33）：95-97.

［15］张倩.企业财务风险管理与控制策略微探［J］.商场现代化，2023（13）：183-185.

［16］宿正梅.财务风险在企业中的管理与控制要素探索［J］.财会学习，2022（05）：19-21.

［17］王佳莹.企业财务管理风险控制策略研究［J］.商场现代化，2022（3）：148-150.

［18］徐艳楠.建筑工程企业财务风险管理方法与实践研究［J］.中小企业管理与科技，2023，（17）：181-183.

［19］代晓明.企业财务核算与风险控制分析［J］.财富时代，2022（8）：99-101.

［20］刘兰兰.企业财务管理面临的风险与防控措施探讨［J］.今日财富，2023（23）：158-160.

［21］梁国秋.企业财会管理中的风险管理问题探讨［J］.Journal of China Studies，2023，1（3）：20

［22］李新月，陈亮.浅析企业财务管理内部控制建设与风险防范［J］.中国物流与采购，2022（6）：99-100.

［23］张萍.企业财务监管与风险防范问题研究［J］.现代商业，2022（4）：181-183.

［24］吉圆.企业财务资金管理与风险控制探析［J］.财会学习，2022（1）：28-30.

［25］毛建华.建筑企业财务管理与风险防范对策研究［J］.投资与创业，2023，34（5）：101-103.

［26］吴锐.财务风险管理与企业内控问题思考［J］.财会学习，2022（34）：161-163.

［27］彭澎.财务分析在企业风险管理中的应用探究［J］.财富生活，2023

（6）：55-57.

[28] 朱吉和，刘莹莹.关于企业内控管理与财务风险防范的探讨［J］.今日财富，2021（8）：139-140.

[29] 罗超平.企业财务风险管理与控制策略探讨［J］.大众投资指南，2023（11）：110-112.

[30] 贾佳.财务风险管理与企业内控问题探究［J］.中国市场，2022（30）：154-156.